我們，MZ新世代

準時下班？不婚不生？奉行極簡？

帶你秒懂八年級生都在想什麼

八年級生，我們是誰？

閱讀其他世代從社會、文化與經濟角度分析我們世代的文章，是件有趣的事。以探討八年級生[1]為主題的書籍陸續問世，我得以一窺上一代是如何看待我們這群八年級生，那些書中的描述大致屬實。要將我們這一代加以整理並準確分析，想必參考了相當數量的資料，也下了功夫研究。不過，若純粹依賴學術數據加以解讀，免不了會出現八年級生無法認同的地方。

舉例來說，有些書上描述八年級生「近來愛用手機發電子喜帖」「隨著訂閱經濟（Subscription Economy）蔚為風潮，共享公寓（Share House）也趨流行」。但實際上，大多數的八年級生仍舊會一一約見友人，當面發送紙本喜帖；而共享公寓只

1 **八年級生**：原文係指九〇年代出生的人，相當於我國的八年級生。

不過是一種省錢的選擇，同住者之間鮮少交流。就算是住在學校宿舍，大家也會排斥住多人房，遑論會想和初次見面的人同住一個屋簷下。正如上述所言，我想替我所屬的世代發聲，傳達事實。

一般而言，外界企圖了解八年級生的動機，大致分成以下兩種：一是想了解如何與八年級生新進同事相處，二是了解如何向有經濟能力的八年級生顧客販售（行銷）商品。企業為了使新進員工早日適應組織文化與業務而嘗試推動多種制度，然而，企圖健全公司制度一事，勢必經歷嘗試錯誤（trial and error），而這些過程全都是在燒錢。我踏入職場三年，從職場菜鳥到如今某種程度已被公司同化的期間，我的想法有了改變。我多方諮詢公司同事和朋友，傾聽他們的故事與真實想法之後，決定分析八年級生想法之所以改變的原因。

時下最熱門的問答是平衡遊戲[2]，這是讓人們在兩種困難選項中做出抉擇的遊戲，「工作與生活的平衡」（Work-Life Balance）和「金錢」是平衡遊戲的常見問題。比方說：

月薪五百萬韓元（折合新臺幣約十二萬元），但常加班的公司

VS.

月薪三百萬韓元（折合新臺幣約七萬三千元），但滿足工作與生活平衡的公司

如果是這樣的差距，絕大多數人會選擇三百萬月薪。假如把五百萬再減少一百萬，拿月薪四百萬跟三百萬相比，大家肯定會毫不猶豫地選擇三百萬元的選項。選項之間的吸引力相差太多，這稱為破壞平衡。雖說選錢的人應該還是不少，但八年級生看待工作與生活的平衡的視線確實有了很大的改變。還有，八年級生開始排斥附屬於某個企業或組織之下。對於工作之外的事務（舉凡公司聚餐或加班等），八年級生有著強烈抗拒的心理，倘若有人希望他們能致力為公司有所犧牲奉獻，就會引發衝突。

除了上述的第一種職場相關動機，另一種動機則是將八年級生視為顧客。因為

2 **平衡遊戲：**類似兩難問題。

我從事行銷相關工作，因此我最常煩惱的是顧客消費心理。理論足以說明人們的潛意識消費行為，但並非每種情況都能透過理論解釋。唯一能確定的是，假如能掌握八年級生的主流消費趨勢，將有助於市場行銷。首先，我在書中提及主流社群媒體Instagram，也囊括小眾市場的社群網站。

除此之外，還有 Everytime 應用程式（APP）。Everytime 是韓國大學生主要使用的行事曆 APP，兼具社群功能。這個 APP 是大學生最普遍使用的，但有很多老一輩的人聞所未聞。此外，還有人們常用的 Discord、臉書（Facebook）與 Instagram，跟相對用戶者較少的 Twitter。

雖然我盡可能客觀傳達八年級生的故事，但說真的，我無法代表八年級生全體，書中內容終究參照我和周遭朋友的故事居多。正所謂同聲相應，同氣相求，我的朋友畢竟與我的價值觀和想法相近，但我還是盡了最大的努力，真實反映客觀現象。

我邀請熟人替我看稿，並且詢問他們對內容的想法。我請他們指出無法產生共鳴的章節，一人平均選出三到五個地方，幸好每個朋友無法產生共鳴的部分不同。

從結果看來，內容準確度約達70％，這是我考慮到或許朋友有些難言之隱而粗略推估的數字。這本書有可能不適用於某些特定對象，但平均而言是可以有效套用的。

八年級生對預設特定世代立場的文章很感冒，建議讀者實際應用本書內容時應慎重小心，溫和地展現出願意理解八年級生的態度，對方一定會有所反應，畢竟沒有人會敵視想了解自己的人。下一個新世代比起八年級生有過之而無不及，倘若各位能與八年級生交流無礙，必能更好地適應日後的新變化。

CONTENTS
目次

CONTENTS
目次

CONTENTS
目次

CONTENTS
目次

CONTENTS
目次

第五章 攻克八年級生的推銷手法

第一章

▼

八年級生的真面目

八年級生，新物種的起源

八年級生自己也不清楚的八年級生的特徵

千禧世代泛指一九八一年到一九九五年出生的人，Z世代[3]則指稱一九九六年後出生的人。近來成為社會熱門話題的八年級生，可看成是橫跨千禧世代與Z世代的人。

但就算對特定世代進行研究，也多缺乏一貫性，也有過在研究進行的過程中，劃分世代的年齡差距大到十年以上的情形。這是由於每個人的生活環境與價值觀不同，所以會出現各種特性。

＊＊＊

權某（21歲），在釜山就學的大學生，目前休學。他所面對的現實是，他與大眾認知中的「Z世代」印象有落差。權某跟一般的Z世代具有相近的生活樣貌——會透過 YouTube、Netflix、TikTok（抖音）等各種平台觀看影片，享受閒暇時光，並從中獲取情報。然而，權某自稱是「邊緣人」（Outsider）。他表示自己和透過影片分享生活點滴、擁有大批訂閱者的 YouTuber 不一樣，也和熱衷於社群網站的「主流分子」（Insider）同學們不同。他說：「我結束超商打工之後，會去網咖玩遊戲，緩解壓力。」（〈數位原住民Z世代的另一張臉龐〉，金泰勳（音譯），《京鄉新聞》，二〇一九年一月二十六日）

＊＊＊

3 **Z世代**：特指一九九六年至二〇一〇年之間出生的人。

世代研究慣以分組的方式呈現整體成員特徵。舉例來說，擁有八開頭大學學號的六〇年代出生的一代，被稱為「八六世代」，但其中有70%上不了大學的八六世代被忽略在世代研究之外。針對八年級生的世代研究也有相同問題，活躍於社群網站、對時尚潮流敏感，這不過是部分主流分子的特徵。因此，當八年級生看到研究中提到的特徵，一方面會深有感觸地說：「這的確是我們這一代會做的事。」但一方面又覺得說的不是自己。因此，要把世代特徵套用到個體身上的時候，應該多加注意才行。

有許多研究將八年級生定義為新主流，但大多只是該年齡層具有的特性罷了。上一代的人忘記自己過去也曾是那樣，以為世上誕生了一種新人類。美國作家湯姆・沃爾夫（Tom Wolfe）（一九三〇年生）將六〇年代出生的人稱為「我世代」（Me Generation），也就是「自我中心世代」。韓國蓋洛普調查大眾對七〇年代出生的人的認知，結果也一樣出現一長串負面評價，如：只主張自己的權利（86.9％）、自私（86.6％）、不懂禮貌（79.9％）、憑感覺判斷事物（71％）、對工作不負責任（54.4％）。以上這些也正是現在八年級生受到的評價。

當然，也有些對「Z世代」的評論昨是今非。二〇一〇年，金蘭都教授的百萬暢銷著作《疼痛，才叫青春》燃起了青少年的意志，當時書市一票跟風，喊著年輕多吃苦的書都成了暢銷書，不過如今全被吐槽「疼痛，叫患者，叫什麼青春」。我們留意的不是是非問題，而是世代的改變，且要試著接受時代的改變。要想了解世代變化，則了解那個人所經歷的社會環境至關緊要。以下是由我彙整的迄今為止各世代特徵。

八年級生前段班和後段班也不同

嬰兒潮世代指的是第二次世界大戰後出生的人，也就是生於一九五五年到一九六三年。嬰兒潮世代度過了極度貧困的童年，在青年期迎來經濟高成長期。儘管嬰兒潮世代工作賣力，但經濟並不寬裕。他們有個檯面下的不成文規定——個人忠於公司，公司負責個人家庭。當韓國承受IMF外匯危機造成的重大打擊時，嬰兒潮世代以更忠於公司的姿態應對危機。如今，嬰兒潮世代已邁入老年，但仍不改以工作為重的傾向。

在嬰兒潮世代之後，出現了強大的「八六世代」。因他們在八〇年代上大學，出生於六〇年代的人，在他們三十多歲時被稱為「三八六世代」；當他們五十多歲的時候，被稱為「五八六世代」，而現在直接被稱為「八六世代」。由於沒有明確的世代界分標準，導致八六世代與嬰兒潮世代有部分重疊。八六世代領導了民主化運動，並實現了經濟急遽增長。他們不安於現狀，不斷地力爭上游。八六世代是從無到有的一代，相信只要努力就能實現任何事。重視未來價值的他們，與八年級生明顯相剋。

X世代指的是七〇年代出生的人。X世代一詞源自於道格拉斯・柯普蘭（Douglas Coupland）在一九九一年出版的小說《X世代：速成文化的故事》（*Generation X: Tales for an Accelerated Culture*）。X世代踏入社會之際，適逢經濟成長期尾聲，他們被稱為「韓國最早的個人主義世代」，開始注重自我與個人特質。他們與八六世代一樣重視努力。儘管X世代度過了華麗的二十多歲，但在進入社會時卻經歷了IMF經濟危機與二〇〇八年金融危機。因此他們從剛步入社會就被要求培養生存能力，縱使遭受不平等待遇，也必須忠於公司繼續生活。

X世代以「徐太志和孩子們」[4]為代表。「徐太志和孩子們」讓當時韓國大眾還很陌生的饒舌變得流行，也創造了在旋律中添加饒舌的潮流。他們出道時便橫掃韓國三大電視台的歌謠大賞，甚至被稱為文化總統。「徐太志和孩子們」也開啟了屬於八年級生的流行文化。近期選秀節目《Show Me The Money》[5]、《高等Rapper》[6]受到大眾歡迎，旋律與饒舌混用的特色與「徐太志和孩子們」的音樂如出一轍。從X世代開始，韓國社會進入穩定期，X世代與X世代之後的世代相差無幾。

千禧世代出生於一九八一年到一九九五年，是嬰兒潮世代的子女。千禧世代一詞首見於琳恩・蘭開斯特（Lynne C. Lancaster）與大衛・斯蒂爾曼（David

---

4 **徐太志和孩子們**：一九九二年出道，九〇年代當紅的韓國三人組合，奠定韓國流行音樂的基礎。

5 **《Show Me The Money》**：是韓國 Mnet 於二〇一二年製作的大型嘻哈選秀季度節目。

6 **《高等 Rapper》**：是同電視台於二〇一七年播放的高中生 Rapper 選秀節目。

Stillman）的《M因素：千禧世代如何撼動工作場所》（*The M-Factor: How the Millennial Generation Is Rocking the Workplace*）一書。千禧世代注重社會價值，不向階級權力低頭，精通社群網站操作，重視個人特質。另外，他們的升學率高。千禧世代的高升學率，是受到父母世代因家境貧困無法完成學業的影響所致。千禧世代幼年時期經歷了IMF經濟危機與二〇〇八年金融危機，親眼目睹父母失業的景況，意識到大企業不會對自己的人生負責，於是一窩蜂地參加公職考試。

一九九六年之後出生的人被稱為Z世代。因為是二十世紀末出生的，所以叫做Z。Z世代和經歷過部分類比文化的千禧世代不一樣，他們打從出生就置身數位時代。Z世代在二十歲出頭經歷世越號事件[7]，對上一代的貪汙腐敗產生反感，認為上一代的金錢利益導致同輩人的犧牲。同時，Z世代親眼目睹了學長姐出社會後受不了長期摧殘而放棄未來。總之，相較於不明朗的未來，Z世代更傾向活在當下。

以上介紹的世代區分方法適用於美國標準，不適用韓國，甚至容易產生混淆。差距最大的是千禧世代。韓國千禧世代和美國千禧世代不同，生長在低出生率與經濟低成長的時代，因他們展現出不符合美國理論的面貌，所以韓國也正在自行研究。韓國林洪澤（音譯）作家透過《八年級生來了》[8]一書，提出以十年為單位的研究方法。這樣做的優點是，即便對世代不感興趣的人，看見「年級生」一詞也能輕易理解說的是哪一個世代。

儘管隨著時間流逝，八年級生全體會變得逐漸相似，但至少現在看來，八年級生前段班與後段班有著不同的特質。雖說不是什麼大不了的差異，甚至兩者經常使用的溝通方式也差不多。八年級生前段班主要使用 KakaoTalk[9]，八年級生後段班是臉書（Facebook）Messenger。隨著閱歷的豐富，八年級生前段班展現出與上一代相似的面貌，相反地，八年級生後段班依舊維持和八年級生相關理論相近的特質。而我打算透過這本書，逐一剖析上一代人看不見的細節。

---

7 **世越號事件**：發生在二〇一四年四月十六日的一起韓國船難，政府在黃金救援時間未展開行動，各部門互相推卸責任，造成三百零四人不幸罹難，多為高中生。

8 **《八年級生來了》**：《90 년생이 온다》，ISBN：9791188248674，whalebooks 出版。

9 **KakaoTalk**：韓國主流通訊軟體，類似我國愛用的 LINE。

八年級生的飯碗遺憾

比父母更貧困的世代

八年級生是比父母更貧困的世代。根據韓國國會預算政策處的「年齡與收入資料推測世代所得差異分析」調查結果顯示，一九七二年以前出生的人，薪資比父母世代還高。儘管對一九七三年到一九七七年之間出生的人的薪資眾說紛紜，但因為整個世代都受到二〇〇八年金融危機的影響，所以一九七八年之後出生的人的薪資確實呈下降趨勢。時至二〇二〇年，「嚴重特殊傳染性肺炎」（COVID-19）造成韓國就業市場的衝擊，繼一九七八年之後出生的人的薪資少於父母之後，八年級生的生涯預期收入也大幅下滑。

根據韓國統計廳公布的「二〇二〇年六月僱傭動向」結果顯示，二十多歲的青年失業率為10.2％。首先，由於COVID-19疫情，就業本就不易，現代汽車、LG、KT等韓國大型企業取消定期公開徵才。其中，一度進行徵才的錦湖輪胎單方面撤銷徵才，引發爭議。根據《東亞周刊》報導，放棄求職人數超越了IMF金融危機時期。在未就業者中，有三十九萬七千人回答「沒在準備就業（包括公職）考試或其他求職活動，只是虛度光陰」，占全體調查人數的23.9％，比前一年增加19.2％。

找不到好的工作也涉及房地產問題。美國某項研究指出了戲劇性的一點。根據「二十五歲到三十五歲年齡層住宅自有率」的調查結果顯示，一九八一年，二十五歲至三十五歲年齡層的住宅自有率為35％；一九九〇年與二〇〇〇年，同年齡層的住宅自有率分別為29％與33％。那麼，如今正值該年齡層的美國八年級生呢？不過才21％。韓國也大同小異。從韓國銀行的資料看來，六十歲以上韓國人的住宅自有量，二〇一三年有三百六十一萬間，二〇一七年增加到四百六十四萬間。反之，三十九歲以下的青年層，則從一百七十萬間降至一百五十一萬間。

年輕人疲頓的原因來自中產階級的崩塌。鮮有八年級生懷抱致富的夢想，他們只希望過得比上一代的中產階級好就夠了。面對上一代感慨自己只有一房一車而已，看在八年級生眼裡，只會覺得他們過太爽。麻省理工學院經濟系教授大衛・奧特爾（David H. Autor）指出，以工作熟練度為標準，工作崗位呈現兩極化趨勢，兩端工作崗位增加的同時，需要中等熟練度的崗位卻減少了。如果八年級生過著平凡的生活，只會不斷向下沉淪，被社會淘汰，最終無法平凡。

八年級生的父母希望透過教育讓子女過著平凡人生。有一半以上的嬰兒潮世代認為自己因家庭經濟狀況不佳而沒能接受理想的教育，又看見大學畢業生一帆風順的模樣，感受到了教育的重要性。因此，當他們進入職場，經濟有了喘息的餘裕時，立刻向兒女耳提面命大學文憑的重要，是以八年級生的大學升學率竟高達81.9％。然而，隨著八年級生意識到上大學並不能保證成功，升學率正逐漸下滑。

明明是父母替兒女著想的心意，但對八年級生來說，卻是另一種惡性循環——大學生人數增加，相對削弱大學學歷增值優勢。大學增值意味著大學畢業生和高中畢業生的薪資差距。近來，兩者的薪資差距小於30％，大學文憑的投資報酬率正在下滑。高學歷的工作職缺減少的同時，從事服務、銷售與單純勞動工作的就業人口增加。也有很多人取得四年制大學[10]畢業證書之後，為了就業，再次進入兩年制大學[11]就讀。

被〇・一分劃分人生的時代

「八十八萬元世代」一詞出現已有十年[12]。現在年輕人被稱為「N抛世代」，繼抛棄戀愛、結婚和生小孩的「三抛世代」之後，又出現了抛棄買房與人際關係的「五抛世代」，近來又出現了抛棄夢想與希望的「七抛世代」。環境壓力大到年輕人再也無法負荷，文在寅政府甚至將年輕一代指定為弱勢族群，予以補助，終於意

10 **四年制大學**：類似我國的一般大學。
11 **兩年制大學**：類似我國的專科學校。
12 **八十八萬元世代**：指韓國七〇年代末期至八〇年代中期出生的世代，平均薪資約為八十八萬韓元（以當時匯率計，相當於新臺幣二萬五千至二萬六千元）。相近於我國過去的流行語「22K 世代」。

識到以「年輕人只要有心，事竟成」之說，強逼年輕人犧牲是件錯事。

二〇〇八年修訂的《僱傭上禁止歧視與高齡者受僱促進法》第十九條第一款規定勞動者的法定退休年齡必須在六十歲以上，也就是說，勞動者的法定退休年齡延後了五年。勞動者相關法律修訂的受惠者是大企業與公營事業在職員工，條件欠佳且離職率高的中小企業所受到的影響較小。該法規的受惠者占據了求職者們夢寐以求的重要職位，換言之，假如沒有修訂這條法律，八年級生將能取得重要職位。

「把眼光放低吧！」有不少人草率地建議求職者，並說最近的年輕人不肯吃苦，只要先就業，在職場上奮發圖強，那麼不管去哪家公司都會有升遷的機會。根據《京鄉財經》報導內容，約有85.6%的求職低就者，一年後沒能擺脫降低身分選擇的職位；在兩年後找到合適工作的人為8.0%；三年後則是11.1%。這顯示出「一旦低就，將會永遠失去機會」。

八年級生並非逃避辛苦的工作，而是因為無法證明辛苦工作的價值，才不願意做那些工作。他們放低眼光得到的職位，往往是處境惡劣的工作崗位，甚至毫無前景可言。上一代的人看著新聞中佯裝為優質職缺的工作，嘲笑著不願低就的年輕人不懂，但其實那些大人也知道真相，所以他們不會勸自己的親朋好友放低眼光將就。

八年級生已盡可能放低了眼光。根據韓國銀行在二〇一九年的調查結果顯示，約30%的大學生正從事著不需大學文憑的工作，與二〇〇〇年的22%至23%相比，比率大幅上升。低就者的薪水比非低就者的薪水低38%。假如八年級生把眼光放得更低的話，就得去找一份等同於工讀生的工作，而那將使八年級生至今為止為了在競爭中生存下來所付出的努力，盡成泡影。退無可退的八年級生，和認為現在的八年級生比當年自己初入職場時幸運太多的人，形成對立，激化世代矛盾。

八年級生一到求職階段，就會感受到上一代與學長姐之間思維方式的落差。上一代也包括教授在內，八年級生周遭的大人都認為，即便就業也還是有機會，就像創業或另學一技之長一樣，都有路可走。反之，早一步就業的學長姐比誰都清楚第一次就業後就沒有改變的餘地，因此不斷地向八年級生強調第一份工作的重要性。取代了「無業遊民」一詞的「待業生」（等待就業生）的新興用語，更是體現人生第一個職場的重要性。

八年級生很清楚要怎樣才能活得平凡，也努力爭取少數人才能擁有的平凡生活特權。八年級生很清楚社會結構出了問題，但他們無法只怪罪社會，得想盡辦法找到自己的位置。八年級生為了提高就業機率而爭取大學在校成績多出〇．一分也好，以及多益分數多考十分。對八年級生來說，上一代人二十多歲時追求的「浪漫」和「正義」，感覺遙不可及，自己先生存下來才是第一優先。

決定不努力了

職場新人消失了

「搞什麼，為什麼都選有經驗的人，像我這種新人要去哪裡累積經驗？說啊？我要去哪裡累積工作經歷？我有說錯嗎？」柳炳宰[13]在最後被拉走時大喊。這是韓國tvN電視台綜藝節目《SNL Korea》的「面試情境劇」出現的流行語，因為引起許多待業生的共鳴而風行一時。八年級生在高中時用功讀書，在大學時拼命累積

13 **柳炳宰**：韓國喜劇演員暨作家。

學分，還去考專業證照，等到大學畢業後想找工作，卻在履歷的自我介紹欄位看到這樣的問題——「請以您的工作經歷為主，描述您能對公司做出何種貢獻？」明明是新鮮人徵才，履歷中卻出現工作經歷相關問題。

韓國最大的求職平台saramin，以二百三十家公司為對象，詢問：「今年有沒有減少新鮮人招募人數，改招募有工作經歷的人？」40.4%的公司回答：「有」。居首的理由是「亟需實務操作人才（36.6%）」，接著是「為了壓低人事費用，僅收最少人員（34.4%）」、「新員工提前離職等因素，會造成較大損失（22.6%）」、「僅錄用需求人力（20.4%）」、「更滿意有經驗者（17.2%）」、「無餘力投資於新鮮人教育（12.9%）」等各種因素。減少新鮮人徵才人數能提高企業的滿意度，預計往後這種現象會持續增加。

＊＊＊

原本想要在大企業工作的金某（一九九四年生），不久前在一家中小企業就業。金某並不是放棄進入大企業，而是因為想累積工作經歷以中古新人的身分應徵大企業。就業所需的八種經驗要素（學歷、學分、多益、語言、證照、公益活動、實習經驗、得獎經驗）中，金某已經累積了七項，他以其他的經驗彌補實習經驗的不足。他打算花一年時間準備大企業公開徵才活動。假如一年內無法獲得大企業青睞，就會在現職待滿三年再離職。不管怎樣，他不打算久待。

＊＊＊

以上是根據某求職社群網站文章改編的內容。有過工作經驗的人擔任無經驗新鮮人的職位，以此方式進入職場就叫做「中古新人」，有很多人打算從中古新人開始職場生涯。中古新人的最大優點就是錄取率高，即便晚一年就業，但只要能進入大企業就能獲得更優渥的年薪。再說，公司也更喜歡能快速進入狀況的中古新人。因為中古新人曾就業過一次，更懂得職場禮儀，並且對業務流程有一定程度的了解，理解度高。就像大學入學考時，重考N次的重考生是應屆考生的最大敵人一樣，對於待業生來說，中古新人是難以越過的高牆。

這種現象也被稱為「資歷向下化」。求職者利用在中小企業所累積的工作經驗，成為中堅企業或大企業的有經驗人才，才是理想的社會。在經濟成長期，人才需求量增加，因此得引入具有中小企業工作經驗的人。不過，在經濟成長停滯的如今，人才需求量不如以往，中小企業的工作經驗也不再管用。求職者縱使擁有三年的中小企業工作經驗，也不敢貿然以有相關工作經驗的身分轉職進入大企業，反倒是選擇挑戰大企業開出的無工作經驗的社會新鮮人職缺。因為大企業的社會新鮮人職缺，待遇還是比中小企業三年以上資歷的職位更好。

機會短缺

有人認為八年級生注重穩定性，才將全副精力放在公務員考試。這想法沒錯。重視穩定性是所有世代的共通特質，沒有比公務員更穩定的職業，所以人們都愛捧公家飯碗。然而，公家飯碗之所以受歡迎還有另一個原因，那就是公職考試科目跟高中學過的科目差不多。九級公務員考試[14]的共同科目是韓語、英語與韓國史，都是在校學過的科目，追加選考科目是數學、科學與社會，備考輕鬆。公務員是只要考上，後半輩子無虞的夢幻飯碗。上一代邊創造複雜的社會模式，邊分析何以八年級生愛考公務員。實際上，八年級生選擇公務員的理由很簡單——看起來還不錯，因為是一份好工作才試著考考看。

八年級生最大的關卡是「缺乏機會」，這點可從國會議員的比例看出。在平均年齡最高的二〇一六年國會議員選舉中，十九歲至三十九歲的當選議員只有兩人。這與該年齡層的選民總占比35.6%相比，是非常小的數字。「因為還年輕」這句話是說不通的。一九九六年，八六世代正值三十多歲時的國會議員選舉中，選出十名三十多歲的議員，而四十多歲的議員有一百零六人，五十多歲的議員有一百六十一人，占了半數以上的席次。這也與二〇一六年，四十多歲的議員只有五十人形成鮮明對比。

14 九級公務員考試：韓國九級公務員考試類似我國普考。

隨著時間的流逝，機會越來越少是全球化現象，而韓國的情況又更嚴重。二〇一九年四月，KBS電視台前主播高旼廷以三十九歲芳齡被任命為青瓦台發言人，各家媒體爭相報導，猶如新時代即將來臨。對韓國年輕人來說，機會正如鳳毛麟角，三十九歲身居要職竟成為熱門事件。不過，放眼世界，這並不特別。法國總統馬克宏在三十九歲當上總統，而加拿大總理賈斯汀・杜魯道在四十三歲成為總理。

機會短缺，導致年輕一代的放棄，這在心理學叫做「次級自戀」（Secondary narcissism），主要源自於人類對傷口的反應。為避免至今付出的一切被否定而精神崩潰，選擇緊閉心扉。為了生存，年輕一代仍進行著職場生活，但因為期待越大，傷害越大，所以不會對職場生活賦予意義，也對公司不抱期待，年輕一代打算付出最基本的努力糊口，並做自己喜歡的事。八年級生否定未來價值，專注當下的特質就是如此形成的。

無意義的「無mean世代」

然而，這不意味著八年級生放棄未來。八年級生不信任老一輩創造的「穩定性」。根據韓國保險研究院的調查結果顯示，七年級生在二十多歲時的投保率是73.6％，相對地，八年級生不過63.8％，十年間減少了10％。八年級生相當不安，不信賴社會。他們比老一輩的人更節省，就算只能消除一點不安感也好。實際上，八年級生的儲蓄傾向比老一輩更高。根據韓國統計廳的資料顯示，二〇〇〇年時，二十多歲到三十多歲族群的儲蓄傾向為22％，到了二〇一四年達到27％。

比起居於領先地位的首都圈大學生，這種現象在地方大學生身上更為顯著。啟明大學社會學系教授崔鍾烈（音譯）表示：「地方大學的學生們心灰意冷，出現了適當主義[15]。」大學生接受了就算努力也爬不上階梯的事實。首都圈學生也深知這種差異，一次失敗會造成無法挽回的結果。對他們來說，這不是別人家的事。為了

15 **適當主義**：指隨便打發工作，混口飯吃就好的想法。

不讓自己落後於人，他們努力累積資歷。

八年級生認為自己無法像上一代能位居高位或成為有錢人，所以對拾荒者所面臨的現實能夠感同身受。低所得造成的低資產，八年級生就算邁入老年，這個情況也不會有太大的改變。因此，八年級生非常關心老年貧困問題，不過卻又認為自身難保，幫不了別人。二〇一八年，《每日經濟》報導了針對二十多歲年輕人為對象的問卷調查結果，對於「現在什麼最重要？」的提問，有63.8％的人選擇「生活費等的經濟扶助」。縱使社會進步，仍有不少年輕人被貧困折磨。（〈我的煩惱依序是就業、生活費、戀愛……儘管如此，未來仍是美好的〉，禹祭潤（音譯），《每日經濟》，二〇一八年十二月三十一日）。

年輕人從小學開始就被競爭追逐著，已是心力交瘁。八年級生拋棄強迫自己努力生活的觀念，打算放低平凡的標準，過自己的人生。有一個最近出現的流行語叫「無 mean 世代」，這是「無」與英文的「意義」（mean）的合成語，意指八年級生在無意義中尋找意義。八年級生以無刺激、無條理、無為休息為目標，企圖擺脫壓力，否定「什麼都不做就是懶惰」的認知。

大眾不能譴責八年級生只考慮當下，年輕一代的傾向往往表露出對於上一代所創造的世界的反應。整體社會是沒有機會的，即便與其他情況相似的國家相比，韓國社會的機會也明顯來得少。年輕人未曾經歷過繁榮成長的社會，在只有少數人得以生存的競爭結構下，八年級生轉移了目光。比起他人的目光，他們更專注於自身，絕望於看不見階級移動的梯子，好像什麼事都不可能成功。

數位原住民的機智數位生活

出生一年後就學會滑滑鼠

數位原住民（Digital Native）一詞源自美國未來教育學家馬克・普倫斯基（Marc Prensky）於二〇〇一年發表的論文《數位原住民，數位移民》（*Digital Natives, Digital Immigrants*）。數位原住民指的是從出生以來就熟悉使用電腦、網路和ＭＰ３等各種數位產品的族群；相對地，出生在類比時代，但成長過程中接納數位文化的世代稱為「數位移民」。數位移民也能自然地使用數位產品，不過數位移民與數位原住民的差別在於，前者直至十五到二十歲之間才接觸到數位產品，這之間的差異比想像中來得大。

二〇一一年，YouTube 上有一支關於數位原住民的影片，點擊數突破五百萬。在影片中，大人拿走了孩子熟悉的 iPad 與智慧型手機，把雜誌塞到他們手裡，孩子試圖拖移放大雜誌頁面，可是雜誌頁面沒放大，於是孩子翻頁，再次拖移，雜誌頁面依舊沒放大，孩子往下捲軸，但雜誌頁面沒有跟著往下移動，雜誌似乎「故障」了。孩子因為雜誌沒反應而感到無趣，開始尋找 iPad。許多人從這支影片裡見到數位原住民的真實模樣，受到震驚。

加州大學洛杉磯分校（UCLA）神經科學家蓋瑞・斯默爾（Gary W. Small）在《大腦革命：數字時代如何改變了人們的大腦和行為》（*iBrain: Surviving the Technological Alteration of the Modern Mind*）一書中指出，數位原住民的背外側前額葉皮質（Dorsolateral prefrontal cortex，簡稱 DLPFC）相當發達，這是與制定計畫及解決問題能力相關的部位，該部位發達表示個體在決策與整合多種資訊方面，能力優越。韓醫師權燦榮（音譯）表示，背外側前額葉皮質和注意廣度（Attention Span）有關，意即在無數的資訊中，能集中精神掌握重要資訊，對短期記憶與學習有著重要作用。倘若這方面的能力低下，則言行會變得散漫。

二〇〇〇年代，出現了熟悉網路與線上文化的網路原住民（Web Native）。網路原住民變成了數位原住民，而八年級生有了數位原住民的稱號，現在又叫做APP世代（App Generation），意思是超越了單純的數位文化，所有的數位產品功能被壓縮到智慧型手機上，是能自然而然使用APP的世代。嚴格來說，八年級生不能被稱為APP世代。儘管智慧型手機發展迅速，但八年級生並不是成長於使用APP的時代裡，九〇年代中期之後出生的Z世代，才該被稱為APP世代。

八年級生的專注力僅十秒

八年級生習慣於只需要點擊就能得到結果的世界，因此對任何事都追求快速的反應。上網三秒若未顯示下一個畫面就會感到不耐，要是超過十秒，就會開始確認有沒有連上Wi-Fi，頻頻按下「F5（重新整理）」按鍵。

二〇一五年十月，NAVER連載的網路漫畫揭露出這種傾向。裴真秀作家的

《天天金歹笑》只要三秒就能看完一篇漫畫，儘管沒有華麗的畫風，但作品內容引起讀者的共鳴。這部漫畫是每日更新，在週一到週日的每日排行榜都躋身前五名，被評價為善於利用讀者短暫的注意力特質。

高某（一九九五年生）喜歡玩遊戲，一天平均要玩十小時。他幾個月前去了一家新開的網咖，每次玩約五小時便會暫時斷線，雖還不到打擾遊戲進行的地步，但他連斷線一秒都受不了。為了好好地使用網咖，金某甚至加入了那間網咖的會員。但最後他決定換去別家網咖，電腦斷線一秒是令人無法接受的大問題。

數位原住民的世界隨著O2O電子商務服務的擴大，也跟著擴大。O2O指的是線上到線下（Online to Offline）。實體與網路的界線正在消失，過去用手機上網查看菜單之後，還得撥通電話才能點外賣，如今，從訂購到付費，外賣**APP**一次搞定。使用**Kakao T APP**[16]時，就算不告知計程車司機自己的方位，司機也能根據GPS定位找到叫車乘客。網路原住民正在積極消費這些服務。

---

16 **Kakao T APP**：韓國的叫車APP，類似於我國的臺灣大車隊APP、Uber。

接下來，數位的世界預計會越來越大。物聯網（Internet of Things，簡稱 IoT）被認為是第四次工業革命的主角之一，在實物上安裝感應器，設備與設備之間相互連動，傳輸數據，例如書桌或病房等各種物品都能連接起來。現在上市的新車車款多為智慧型鑰匙，車主一靠近汽車，車門就會自動開啟；反之，車主遠離汽車即自動上鎖。進化的數位產品已經深入我們的日常生活，數位原住民正處於這種變化的中心。

Instagram 帳號是一定要的，用不用看個人

八年級生的網路人脈管理

八年級生大多會使用社群網路服務（Social Networking Service，簡稱 SNS），就算自己不上傳照片，也會瀏覽「按讚」朋友們的日常生活照。作為參考一提，以二〇二〇年為基準，對八年級生而言的社群網路服務指的是 Instagram。當然，八年級生依舊會上臉書和 YouTube，但不是為了讓朋友看自己的帳號，而是用來瀏覽有趣的內容。韓國也有不少人為了追逐流行而加入 Twitter，不過，千萬別看到 Twitter 使用率超出20％就誤以為 Twitter 是主要社群媒體。當八年級生問：「你玩社群

嗎？」其真正意思是「你玩 Instagram 嗎？」。此外，Instagram 又被暱稱為ＩＧ。

在二〇一三年 GAYEON 婚友社的調查中，對於「相親聯誼前有沒有偷偷搜尋對方的社群網站？」的提問，67％的人回答「有的」。一搜尋對方的電話號碼，就會連上綁定好的社群網站。因為大多數的人都有自己的帳號與頻道，透過瀏覽對方上傳的貼文掌握價值觀與思考方式，在見面之前打探對方是個怎樣的人。不僅能從對方追蹤的帳號一窺對方的興趣領域，還能看出對方的交友圈屬性。從很久以前就出現了「網路面貌與實體面貌被視為一體」的現象。

很多人瀏覽前女友或前男友的 Instagram 時被逮個正著。還有，因為不知道自己的帳號會在什麼時候、被什麼樣的人看到，基於以上考量，八年級生往往會上傳一些無關緊要的照片。就算不是以朋友為主而上傳的照片，仍會本能地希望能被同儕欣賞而上傳照片。

八年級生會使用簡單的修圖 APP，最受歡迎的是 SNOW 美肌妝容自拍相機 APP 的校正效果，Snapchat APP 的「童顏濾鏡」也很受歡迎。不過，SNOW APP 和童顏濾鏡的效果過於明顯，因此也有人會利用 Photoshop 進行修圖。

八年級生只上傳嘔心瀝血的修圖照，所以上傳照片變成一件費力勞心的工作，很累人，但也不願意因此刪除帳號，因為上面累積了數年的回憶。鑒於上述情形，Instagram 限時動態（Instagram story）應運而生。限時動態發布後二十四小時就會被系統自動刪除，所以八年級生能輕鬆上傳分享日常生活，不用大費周章修圖，也不用顧慮被陌生人看見自己的照片。再者，可以設定為不公開的私人帳號，如此一來，只有追蹤者才能看到，八年級生不需為了按讚數而費力勞心。Instagram 限時動態沒有「按讚」功能，且不能留言。在 Instagram 受到用戶良好迴響後，有著相同功能的臉書限時動態與 YouTube 限時動態也相繼出現。

大部分藝人或電視名人的過去，都是透過社群網站被揭露。粉絲會挖出藝人在成為藝人之前，還不知道自己將來會成名時上傳的一句話，或是在小小的照片裡格放出藝人吸菸的模樣，被當作小混混的證據。八年級生目睹了無數次這種情況，所以就算只是上傳一篇文章也變得小心翼翼，這樣一來，社群網站變得無趣。八年級生不可能邊看別人臉色邊上傳照片，Instagram 限時動態順勢滿足了上傳分享的慾望。八年級生可以輕鬆上傳限時動態，把反應好又有意思的限時動態儲存到精選動態（Highlight）中。

網路上的朋友也是朋友

八年級生認為網路上的朋友，也是朋友。根據大學明日[17]研究機構的調查顯示，對於「認為網路社團的成員也是朋友」的提問，回答「是的」的千禧世代為14.7％，Z世代則是22.3％（八六世代是11.3％，X世代是10.7％）。雖然在Z世代中約五名僅有一名給予肯定答案，比重不大，但整體來看確實有增加的趨勢。有時候，八年級生跟網友的交流甚至多於現實生活的朋友，網路與實體的界線變得越來越模糊。

只要有電子郵件就能加入Instagram，只要手機號碼不綁定臉書，熟人也無法得知哪個帳號是自己，多虧如此，社群網站的用途變得多元。大學生金某（一九九九年生）擁有兩個Instagram帳號，一個是一般的社群帳號，專門分享日常生活以及為朋友們的照片「按讚」；至於另一個帳號則是用來寫文章，沒有任何追蹤者，朋友們也不知道他有第二個帳號。金某因為怕朋友們看了自己的文章會覺得太肉麻，無論如何都不想讓朋友們發現。

棒球迷李某（一九九二年生）是ＳＫ飛龍隊[18]的粉絲。不久前，他創了一個以棒球為主題的 Instagram 帳號。在那個帳號上，他只上傳和棒球相關的日常照，也只關注和棒球有關的帳號。他打算等到 Instagram 粉絲數達到幾千名的時候，再向朋友炫耀。要是粉絲數沒有增加，他只要低調地刪除帳號即可。

有很多八年級生同時經營多個 Instagram 帳號，並分成一般帳號和有特殊目的的帳號（常見的類型是事業宣傳帳號，也有人當成日記用帳號或其他特殊目的之用，又或者是偷偷追蹤分手的前任或單戀對象的故事）。八年級生之所以會刻意區隔帳號的考量是避免不小心「手滑」按讚，或是意外出現在 Instagram 限時動態的

17 **大學明日：**是韓國研究機構，專門研究二十多歲年輕人的趨勢。
18 **ＳＫ飛龍隊：**南韓職棒ＳＫ飛龍棒球隊（Sk Wyverns），現已被ＳＫ集團轉賣給新世界集團，更名為ＳＳＧ登陸者隊（SSG Landers）。

已讀者清單中。

拍照上傳花不了多久時間。當然也有人拍了幾百張照片，只為精挑細選出其中一張，但這種人是少數。八年級生大部分時間都在到處瀏覽別人的帳號，像是感興趣的藝人和好友，又或是利用 Instagram 關注失聯許久的朋友。八年級生會先把有趣的內容全部都看過一輪後，接著點開探索頁面（Instagram 的探索頁面會自動推薦用戶感興趣的貼文內容），八年級生主要看的是陌生人的日常，也會像使用臉書一樣轉發一些幽默貼文。此外，如果八年級生看見感興趣的帳號，也會追蹤並定期瀏覽。

幾乎每一個八年級生都有社群網站帳號，但積極發文的人不多，約只占八年級生的20%。以時下年輕人的特質來看，只看不發的原因大多是因為覺得社群網站不適合自己，也有很多人是某一陣子活躍地上傳，後來收手不玩。認真玩 Instagram 會消耗很大的能量，女性比男性更常使用 Instagram，但到了約二十五歲之後，玩 Instagram 的人明顯減少。有些人不會更新貼文，只會替好友「按讚」。除了 Instagram 之外，其他的社群網站主要也被八年級生拿來挖掘有趣的內容。

八年級生的B級文化

不越線的梗

八年級生喜愛的用語相當多元，包括廢到笑、B級感性和梗，這三個用語有很大的共通點，因此不容易加以區分。就算是同樣的笑話，有可能會被說是廢到笑，也可能會被說是梗，甚至會被通稱為B級感性。這三種用語指的都是沒有脈絡可循，邏輯錯亂的笑話。有水準的笑話很無趣，既然是笑話，就得超級白話、低水準才行，偏低俗且略帶黃色的笑話才有意思。八年級生覺得帶有越線危險的梗才有趣。儘管搞笑沒有標準可言，但有一定的規則。人們不是次次都能發揮出色創意力創造新東西。

最廣為人知的創造笑話方法是起承轉「廢」，意思是符合起承轉合的完美文章標準，卻在結論的部分出現廢到笑的轉折。韓國網路漫畫家 Cutbu 的《少年們在幹嘛》[19]就是廢到笑網路漫畫之一，Cutbu 漫畫家從「佳挑」（「最佳挑戰」的簡稱，參與最佳挑戰的網漫如得到高人氣，NAVER 網站會對網漫家提出正式連載提議）時期就以廢到笑網漫出名，「搞不清楚是什麼漫畫嗎？這是正常的。」類似這種評價變成了最常見的留言。廢到笑漫畫的讀者留言，截然不同於有著豐富扎實故事情節的網漫。因為廢到笑漫畫的故事情節不具討論性，是以讀者努力寫出更搞笑的留言。

除了上述漫畫之外，還有《山坡上的詹姆士》[20]、《二〇三號房的陰間使者》[21]等各種廢到笑漫畫。廢到笑漫畫通常缺乏大眾性，不過李末年漫畫家的《李末年系列》[22]還算是具備大眾性的廢到笑漫畫。李末年也因出演電視節目《My Little Television》而出名。廢到笑漫畫究竟哪裡有趣，沒人能理解，連讀者也說不出個所以然，有些人能接受，有些人則強行賦予意義。要注意的是，不是喜歡廢到笑漫畫的人就會喜歡所有的廢到笑，八年級生讀者只看符合自己笑點的漫畫。

B級文化不優雅且俗氣。MBC電視台綜藝節目《玩什麼好呢？》[23]的三人混聲組合 SSAK3[24]，很好地運用了B級文化。李孝利原本想用「尿褲子」當限定藝名，在慌張的劉在錫斡旋下，改採用 Linda G 為限定藝名，三人並默默地達成限定藝名不加姓氏的共識。劉在錫與鄭智薰（RAIN）的限定藝名分別是 U-Doragon 和雨龍（B-Ryong）[25]，主打低俗直白的風格。在二〇一八年結束播放的人氣綜藝節目

---

19 **《少年們在幹嘛》**：소년들은 무엇을 하고 있을까

20 **《山坡上的詹姆士》**：언덕 위의 제임스

21 **《二〇三號房的陰間使者》**：203 호 저승사자

22 **《李末年系列》**：이말년 시리즈

23 **《玩什麼好呢？》**：二〇一九年推出的節目，至今每週六播出。由韓國國民主持人劉在錫擔綱主持，每集有著不同的企劃主題。

24 **SSAK3**：為二〇二〇年七月二十五日出道的夏日限定組合，由劉在錫、李孝利與鄭智薰組成，組合名來自韓文「싹쓰리」，意指橫掃。推出的新曲果真也橫掃各大排行榜第一名。

25 **Linda G、U-Doragon 和雨龍**：Linda G 的韓文發音與「尿褲子」相近。U-Doragon 結合劉在錫將對音樂界掀起旋風的意思以及致敬韓國人氣組合 BIGBANG 成員 G-Dragon 的名字。雨龍則是和韓文中的「雨」發音相近，意指獲得人氣後飛天的龍。

《無限挑戰》，也曾獲得成功打動了B級感性的評價。

儘管人們對於B級文化喜惡鮮明，不過涉及性方面的梗果然是最有趣的。韓國主播金玟我出演 YouTube 頻道 Workman，展現出的瘋癲氣和開黃腔獲得了人氣。她在《汗蒸幕打工體驗》的那集亮相，在錄影一開始聽到要換裝，她立刻問：「制服沒有提供褲子？不用穿褲子嗎？」從開場就令人驚慌，在那之後，她也不斷地拋梗說：「看起來像不像青少年？平平的，沒胸。」結束的時候又說：「洗個澡再回家好了。你們（意指工作人員）不走嗎？要給你們看嗎？」該集 YouTube 影片點擊數突破千萬，高居 Workman 頻道點擊數排行榜前幾名。

廢到笑和大叔式玩笑之間

儘管越線梗很有意思，但不能真的越線。金玟我在 YouTube 頻道 Workman 以驚險地試探越線邊緣而受到歡迎，但最終還是在其他節目裡越了線。在韓國政府 YouTube 官方頻道網路節目《What the back 第二季》中，金玟我詢問一名未成年學生「一個人在家的時候做什麼？」「從哪裡釋放能量呢？」，引發性騷擾爭議。因為對方是未成年，金玟我被觀眾罵得更慘。事後，她上傳道歉文，但仍於事無補，觀眾要求她退出新主持的節目。

除非明確知道對方的底線，否則最好不要玩越線梗。同樣的話，聽不熟的人說，或是聽親朋好友說的時候，兩者會帶給人不同的感覺。如果覺得開黃腔很有趣而任意使用，極有可能會被告。八年級生之間，除非是關係親近的人，否則不會這麼做，讓對方感到不快的行為就是性騷擾。不要搞混「廢到笑」和「大叔式玩笑」[26]把氣氛弄得尷尬。

「莫名高品質」指的是讓很廢的東西看起來很不錯，韓國電影《雞不可失》正展露了這種面貌。第一，埋伏跟監的警察假扮成炸雞店店員，假扮得莫名高品質，把水原炸雞變成了莫名高品質炸雞；第二，這些假店員（真警察）在搞笑的情況中趕鴨子上架，但他們卻演得異常認真。正因為情況與角色的行為都脫軌失序，造就

26 **大叔式玩笑：**愛玩諧音梗，老梗的玩笑。

了有意思的電影。八年級生常用的通訊軟體表情貼圖包之一就是「莫名的帥氣回應」，把「嗯，晚安」一類的日常用語包裝得很華麗，人氣高到甚至還出了「莫名的帥氣回應2」。

八年級生追求廢到笑的文化不限於網路，二〇一八年前後，「莫名禮物」一度蔚為風行。顧名思義，就是送別人莫名其妙的東西當禮物。不是送對方垃圾，得送花錢買的禮物。然而，一旦真買了，總會在某個地方派上用場，大家得約定禮物的金額範圍，思考哪些東西對對方來說是莫名其妙的東西，絕對不能讓對方開心收禮，因為讓對方開心的禮物就是有用的禮物。想像中，送禮後的最佳畫面應是收禮者瞬間定格，心想「居然送我這種鬼東西」，令對方不知該如何是好。

小鼓是常見的莫名禮物之一，打從小學畢業後就沒再看過的小鼓，是個派不上用場的廢物。還有，過期的日曆也是人氣選項之一，不過日曆這項禮物已經被用爛了，太過老套。也有很多人把腦筋動到務農工具組，送對方鐮子、泥土或白菜種子。一人送一件沒用的禮物，合起來之後卻也有可能莫名變成了有用的禮物。當莫名禮物送禮儀式結束後，收禮者回家得想著怎麼物盡其用，如果收禮者絞盡腦汁都想不出方法使用禮物，送禮者就成功了。送莫名禮物是送年會[27]常見的特別活動。

像現在這樣極端的廢到笑文化令大眾費解，但其實這種文化很久以前就已經存在。八年級生對廢到笑文化喜惡分明，也有很多八年級生是不適應廢到笑文化的，建議上一代不必勉強理解廢到笑文化。上一代也熱衷於《無限挑戰》或《玩什麼好呢？》一類結合B級文化的節目，希望上一代不要把廢到笑跟大叔式玩笑搞混，狂講猛講。因為還是有很多八年級生對廢到笑反感，很難抓準對的時機。正如上一代看到廢到笑文化會感到倉皇失措，八年級生聽到大叔式玩笑也同樣慌張。

27 **送年會**：類似我國的尾牙，但不一定是職場的，好友之間也會舉辦送年會。

創造新詞彙的達人

新造語的條件

新造語[28]出現的間隔越來越短，並不是每個八年級生都知道所有的新造語。儘管有些新造語是大眾常用的，但也有些新造語只會出現在特定社群網站。如果從事的職業不是對流行趨勢很敏感的話，上一代不用特地去了解也沒關係，否則很可能出現上一代努力學習網路上所介紹的新造語，結果卻被說是過時，或是當中有不少新造語已經無法在實際生活中使用。

縮略語[29]是最常見的新造語的一種，像是「師」（老師）[30]、「興見」（很高興見到你）[31]、「天楣」（天下無敵倒楣鬼）[32]等等，這些都是從以前沿用至今的縮略語。許多專家表示，隨著使用縮略語的傾向變得極端，導致八年級生只使用單音節和子音的文化。這個說法雖然沒錯，但新造語只是數量增加罷了，大部分的新造語仍和過往一樣是縮略語的形式，例如「尊取」（尊重個人取向）[33]、「視情定」（視情況而定）[34]、「追自遇」（追求自然地相遇）[35]。

A朋友：喂，你知道什麼是「興見觀」嗎？聽說是最近的新造語。

---

28 **新造語**：指新出現的詞語。

29 **縮略語**：指把較長的詞語或短句縮短省略而成的詞語。

30 **師**：「쌤」（師）指的是「선생님」（老師）。

31 **興見**：「방가」（興見）指的是「반가워요」（很高興見到你）。

32 **天楣**：「천재」（天楣）指的是「천하의 재수없는 놈」（天下無敵倒楣鬼）。

33 **尊取**：취존（尊取）指的是「취향 존중」（尊重個人取向）。

34 **視情定**：케바케（視情定）指的是「케이스 바이 케이스」（視情況而定），也就是Case by case。

35 **追自遇**：자만추（追自遇）指的是「자연스러운 만남 추구」（追求自然地相遇）。

B朋友：那是什麼意思？

A朋友：「很高興見到你，請多多關照。」

B朋友：什麼鬼，ㄏㄏㄏ，什愛縮[36]。

八年級生主要使用的子音新造語[37]有「ㄔㄖ」（承認）[38]、「ㄅㄐㄋ」（標即內，標題即內容）[39]等等。要是碰到問對方「ㄊㄧ？」（你同意嗎？），對方沒有回應時，提問人有時也會自己回答「ㄛㄊㄧ」（喔，同意）。「標即內」用在想說的話已經全部打在標題時。除此之外，還有幾個子音縮略語，但八年級生使用新造語的頻率並不像上一代想得那麼極端。就是因為實際上不常用，在YouTube上偶爾會出現只用子音對話，得揣測對話內容的影片，就算是八年級生也難以完全理解。

使用子音的新造語不是現在才出現，從以前就有「GG」（走）[40]、「ㄍㄒ」（恭喜）[41]、「ㄍㄒ」（感謝）[42]一類的子音新造語。新造語只是種類變多，卻被解讀成最近新造語深入八年級生日常。上一代對最近的新造語倍感困惑的地方是，活用新造語對行銷造成很大的影響。二〇一七年年底，CU便利商店推出名為「ㄓㄍ

ㄓㄉㄅㄎㄈㄅ」（這個真的不可反駁）[43]的巧克力奶油蛋糕，還有分別取名為「ㄔㄖ？ㄣㄔㄖ」（承認？嗯，承認）與「ㄊㄧ？ㄣㄊㄧ」（同意？嗯，同意）。上一代看到這些用語後，心想「原來我已經跟時下年輕人產生代溝」。其實，上一代不用擔心這件事，八年級生也很少只使用子音溝通。儘管這些商品名稱中提到的子音曾流行一時，但現在都已退流行。

每年報章媒體提供考驗大眾有多了解最近新造語的新造語測試，不過，測試問

36 **什愛縮**：별타줄（什愛縮）指的是「별걸 다 줄이네」（什麼詞語都愛縮略）。

37 **子音新造語**：各取每個字的第一個子音而成，類似我國的注音文。

38 **ㄔㄖ**：「ㄔㄖ」（ㅇㅈ）指的是「인정」（承認、同意）。

39 **ㄅㄐㄋ**：「ㄅㄐㄋ」（ㅈㄱㄴ）指的是「제곧내，제목이 곧 내용」（標即內，標題即內容）。

40 **GG**：「GG」（ㄱㄱ）指的是「고고」（Go Go）

41 **ㄍㄒ**：「ㄍㄒ」（ㅊㅋ）指的是「축카」（恭喜）。

42 **ㄍㄒ**：「ㄍㄒ」（ㄱㅅ）指的是「감사」（感謝）。

43 **ㄓㄍㄓㄉㄅㄎㄈㄅ**：「ㄓㄍㄓㄉㄅㄎㄈㄅ」（ㅇㄱㄹㅇㅂㅂㅂㄱ）指的是「이거레알 반박불가」（這個真的不可反駁）。

題的難度通常偏高。有人矇對一兩題，也有人矇對了一半。實際上那些單詞，日常中大多用不著，只有經常上網的人才懂，因此並不能算是新造語。無論如何，新造語既然被稱為「詞語」，就得是大多數人都懂得那個詞語並加以使用才算數，必須要讓大多數人產生「喔，你不知道這個詞語嗎？」的反應才行。

下面我會介紹幾個用了很多年，不僅輿論媒體，連上一代也時常使用的縮略新造語，如果是在街頭隨機採訪八年級生時，有八成的八年級生會知道並常用的新造語。

「像扮沒扮」（像打扮又像沒打扮）[44]、「月薪大道」（拿錢不做事的人）[45]、「彳ㄖ」（承認）、「心傷」（心上的傷口）[46]、「最愛」（最喜歡的人事物）[47]、「氣突冷」（氣氛突然冷場）[48]、「TMI」（資訊量過大）[49]、「塔盧拉」[50]、「文化蠢蛋」（和流行脫節的人）[51]、「識走」（識相的時候走開）[52]。此外，還有源自「驛勢圈」的「拖勢圈」（穿拖鞋就能走到的範圍）[53]；「曖昧期」指的是「交往」之前的階段[54]。「趁亂」是「趁亂的空隙」[55]；「今炸go」是「今天吃炸雞，Go嗎？」[56]

44 **像扮沒扮**：「꾸안꾸」（像扮沒扮）指「꾸민 듯 안 꾸민 뜻」（像打扮又像沒打扮）。

45 **月薪大道**：「월루」（月薪大道）指「월급 루팡」（拿錢不做事的人）。

46 **心傷**：「마상」（心傷）指「마음 상처」（心上的傷口），用在受到傷害而傷心的時候。

47 **最愛**：「최애」（最愛）指「최고 사랑」（最喜歡的人事物），源於粉絲文化，用來指一個組合裡最喜歡的成員。

48 **氣突冷**：「갑분싸」（氣突冷）指「갑자기 분위기가 싸해진다」（氣氛突然冷場）。

49 **TMI**：說太多，指「Too Much Information」（資訊量過大）。

50 **塔盧拉**：「탈룰라」（塔盧拉）源自英文「Talullah」，指無意間污辱到對方的爸媽。出自電影《癲瘋總動員》（Cool Runnings），牙買加國家隊想替雪橇取名，其中一人提議叫「塔盧拉」，朋友嘲笑問：「聽起來像進行性交易女性的名字，從哪裡想到這個名字的？」才發現正是朋友媽媽的名字。

51 **文化蠢蛋**：「문찐」（文化蠢蛋）指「문화 찐따」（和流行脫節的人）。

52 **識走**：「낄껴」（識走）指「낄 때 껴」（識相的時候走開）。

53 **拖勢圈**：驛勢圈指的是「近地鐵」，原是韓國房地產買賣時會用到的詞語，後來衍生出拖勢圈，意思是穿拖鞋就能走到的範圍。

54 **曖昧期**：「삼귀다」（曖昧期）的「삼」字音同韓文「三」字，而「사귀다」（交往）的「사」字音同韓文「四」，因此當一對男女還沒正式交往，就是處於「四」前的「三」階段。

55 **趁亂**：「趁亂」（혼틈）是「趁亂的空隙」（혼란을 틈타）。

56 **今炸go**：「今炸go」（오저치고）是「今天吃炸雞，Go嗎？」（오늘 저녁 치킨 고？）。

相反地，也有一些被稱為新造語，但實際上沒人使用的詞語。換句話說，沒那麼大眾化。我前面舉的例子，算是比較常見的新造語，但若與日常用語相較，其中有一半都是實際生活不會用到的。比方說，把「暴風眼淚」顛倒一百八十度寫成的「淚眼風暴」[57]，因為聊天的時候很難在腦海中想像把字顛倒過來的模樣，所以通常不使用。

以八年級生與九年級生為對象進行的採訪結果也指出，大部分的人不使用這些新造語，這些是「只有部分」八年級生與九年級生會使用的少數詞語，又或是成人之間的新造語。

另外，有不少新造語源自電玩遊戲。舉例來說，「Newbie」[58]指的是「新遊戲玩家」，如今衍生成剛加入同好會或線上社群的用戶。「Newbie」的反義語是「老古董」[59]，顧名思義，指稱老資歷的人。「Carry」原意是拖著衣領走，延伸出無關其他人的實力，一名實力堅強的人引領團隊取得好成績，用法是「我來 carry」、「拜託你 carry 了」。

「Aggro」[60]也出自遊戲中。角色扮演遊戲（Roll Playing Game，簡稱RPG）是

需要各個擁有不同能力的玩家一起組隊的遊戲，攻擊手、輔助和坦克是基本隊伍結構，攻擊手負責攻擊，輔助負責治療，而坦克則負責當肉盾。因為要讓敵人集中攻擊坦克，所以讓攻擊集中在坦克身上就叫做「Aggro」。坦克的慣用技也取名為「挑釁」，讓敵人關注在自己身上，是現在社會上的慣用語，通常被「關種」[61]使用。關種為了轉移他人注意力到自己身上，會喊著「Aggro」。

有時候會遇到把遊戲用語代入現實中說話的情況，這一類的新造語可能是遊戲角色的專屬技能或遊戲道具名稱。有很多不玩遊戲的八年級生也不懂遊戲相關的新造語。再者，即便是喜歡玩遊戲的人，如果沒跟聊天對象玩過同一款遊戲，也會出

57 **暴風眼淚：**「暴風眼淚」（폭풍눈물）顛倒一百八十度寫成的「淚眼風暴」（롬곡옾눞），把字一百八十度反轉寫，加強意思。

58 **Newbie：**뉴비。

59 **老古董：**고인물。

60 **Aggro：**어그로，源自英文「aggravation」，加重之意。

61 **關種：**관종，指「關心種子」（관심종자），指喜歡刷存在感，喜歡被人關注的人。

現聽不懂的情況，並且會覺得對方一樣也聽不懂自己說的話。

新造語成為流行語的條件

MBC綜藝節目《玩什麼好呢？》會進行新造語定期測試，有很多二十多歲的偶像參加測試。答題準不準跟年紀無關，參加者通常只會猜對和自己興趣領域相關的新造語，像是韓國UFC選手金東炫經常觀看格鬥比賽，雖然他猜對了「ㄊㄐㄋㄧ」（題即內），但其他參加者沒猜出來。偶像們擅長的是「座已選」（座位已經被選走）[62]的訂票相關用語，他們也很難得知不感興趣領域的新造語。

近期出現的新造語「野民正音」[63]，由韓國 DC Inside 網站的棒球觀眾發展而來，結合「棒球觀眾」與「訓民正音」。有時新造語也會把相似的子音與母音替換使用，像「meong meong i」一詞的歷史悠久，但現在都說成「daeng daeng i」[64]。此外，「meo」和「dae」的韓文字相當形似，用相同方式把「myeong jak」稱為「dding jak」[65]、「gwi yeob da」（可愛）稱為「keo yeob da」（口愛）[66]。雖然還有更複雜的，但很少人用，只有在改變第一個音節的時候才是最有趣的。

韓國品牌八道也推出了「par do bi bim myeon」，取名「gua do ne nem ddin」[67]，人氣高到開賣第一天就售罄。假如站遠一點看「gua do ne nem ddin」，可以看成「par do bi bim myeon」。八年級生把這個名字視為商品名，同時承認它是個新造語，不會因為是公司刻意創造的行銷手法而排除在新造語之外。我記得過去也有過新造語猜

---

62 **座已選：**「座已選」（이선좌）指的是「이미 선택된 좌석입니다」（座位已經被選走），是粉絲搶演唱會票或偶像相關活動的票的用語。

63 **野民正音：**訓民正音是朝鮮王朝世宗大王所創的文字，就是現在的韓文。而在韓文中，棒球的漢字為「野球」，所以由棒球觀眾創出的文字，被稱為「野民正音」（야민정음）。野民正音主要用相似的字形替換掉原有的正確文字。

64 **daeng daeng i：**「meong meong i」（멍멍이）跟「daeng daeng i」（댕댕이）都指小狗。

65 **dding jak：**「머」（meo）和「대」（dae）形似，因此「myeong jak」和（명작）「dding jak」（띵작）都指名著或經典作品。

66 **keo yeob da：**「gwi yeob da」（귀엽다）跟「keo yeob da」（커엽다）都是可愛之意。

67 **gua do ne nem ddin：**「par do bi bim myeon」（팔도비빔면）為八道冷拌麵。「gua do ne nem ddin」（괄도네넴띤）則是變形。

謎活動，印象中是很有趣的行銷活動。

假如自己和周遭朋友沒那麼愛用新造語，要自然而然地運用新造語是很難的。有些新造語被韓文字典收錄，但因為不是日常會使用的新造語，上一代即使拿來用，八年級生可能也會聽不懂，甚至搞不好會出現「這是哪個年代的流行語啊」的反應。再者，上一代即使知道新造語的意思，通常也不具有流暢使用的能力，新造語的關鍵是要在適當的情境下使用。因此，建議上一代不用深入了解新造語，只需要接受有這些詞語就足夠了。

八年級生的獨來獨往文化

獨飯、獨影、獨旅

現在是一個人做任何事都很方便的時代。再合拍的人也不可能所有嗜好都一模一樣，而且大眾認知也有了很大的變化，人們若看見一個人單獨吃飯，不再覺得那個人沒朋友，也不會覺得缺乏社交性。八年級生習慣一個人吃飯和一個人看電影，對於一個人做事情充滿信心，甚至還一個人去旅行。獨自看電影叫「獨影」，而獨自去旅行叫「獨旅」或「獨行」。推薦他人進行一個人能做的事，也是常見的八年級生文化。

然而，即使一個人過日子變得尋常，但終究有些地方是一個人去會感到壓力的，而且不是每一個八年級生都喜歡獨來獨往，還有許多八年級生無法獨自吃飯。在獨飯尚未變得如此流行的時期，出現過「獨飯等級量表」，列出一個人外出用餐的難易等級。每個人的獨飯難易標準不一，縱使在獨飯成為日常的現在，八年級生之間仍經常聊到獨飯等級量表。

第一級　在便利商店用餐
第二級　在學生餐廳或員工餐廳吃飯
第三級　在速食店吃套餐
第四級　在小吃店或紫菜飯捲天國[68]吃飯
第五級　在中式餐廳或冷麵店之類的一般小吃店吃飯
第六級　在人氣美食店吃飯
第七級　在美式連鎖餐廳吃飯
第八級　在烤肉店或生魚片店吃飯

第九級　在小酒館裡獨自喝酒

八年級生之所以能接受獨自文化，自信感扮演了重要的角色。八年級生拒絕他人評價自己的人生，認為只要我自己喜歡，覺得幸福就夠了。根據大學明日研究機構的調查結果顯示，比起被社會或他人認可的生活方式，八年級生選擇適合自己的方式（53.6％）；做人生重大決定時，比起家人和周遭人的意見，八年級生更重視自我滿意度（52.9％）；比起周遭人的視線，八年級生更重視自己，會獨自嘗試很多事。

有別於只考慮自己的利己主義，八年級生追求真正意義上的個人主義。八年級生認可自己的重要性，也認可他人的重要性。在大學明日研究機構的調查中顯示，75.2％的八年級生努力不做出使他人反感的行為；63.1％的八年級生表示想學習不傷害他人又能表達不喜歡或拒絕的方法。八年級生尊重個別的人生，希望相互不干涉。

68 **紫菜飯捲天國：**韓國常見的紫菜飯捲連鎖店。

漫威迷林某（一九九二年生）非常期待電影《復仇者聯盟4：終局之戰》（*Avengers: Endgame*）上映。林某的女友表示從未看過漫威電影，林某雖然想和女友一起看電影，卻礙於漫威龐大的世界觀，只看一部漫威電影不可能感受到箇中樂趣。另一方面，林某覺得若要約朋友一起看還得配合彼此的時間，有點麻煩，於是最後他選擇週末獨自去看電影。雖然是交往的關係，但林某不會強迫女友陪他看電影。無論任何活動，八年級生清楚意見相左是不可免的，只要對方不討厭，若想一起進行也可以。

八年級生沒有一定要一起做事的觀念。在團體主義中一定會有人被邊緣化或被犧牲，而且團體生活難免會出現低效率的情況。八年級生無法理解強迫大家要一起做某件事的行為，也對此感到反感。八年級生拒絕這種低效率，認可親密的戀人或家人和我有著不同的喜好，與其一起看對方不愛看的電影，寧可選擇獨自去看。

社會工作者方某（一九九九年生）在地區兒童中心工作。在那裡有很多為了取得社會工作師證照的實習生，方某通常會和實習生們一起吃午餐，偶爾會有人請他吃飯，大多是四十多歲到五十多歲的大叔。但方某有次回絕。因為他覺得花自己的錢吃飯更自在，要是有人搶先結帳，他會拿現金還給對方。儘管他知道對方是一片好意，但他還是感到不自在。

飯後用 Kakao Pay 付款

ＡＡ制是八年級生的日常習慣。八年級生在餐廳收銀台前大排長龍的模樣屢見不鮮，而且那家店未必是人氣美食，只不過是大家一起吃飯，各自買單而已。不過，有時候碰到餐廳相當忙碌時，若還要求老闆逐一分開結帳，八年級生也會覺得不好意思。假如吃飯的人彼此之間有一定程度的熟悉，就會採用轉帳的方式，像是用 Kakao Pay[69] 轉帳不需手續費。基於人類的心理，要是有人請吃飯，那個請客的人某種程度上會期待下次被回請，最終造成彼此困擾。八年級生不會為了眼前的一點好處就放棄個人主義。

69 Kakao Pay：韓國常用的行動支付之一。

雖說獨自旅行的難度很高，但體驗獨旅的八年級生並不少。根據自由旅行平台KLOOK的「國際獨旅趨勢」調查，42%的八年級生前段班以及63%的八年級生後段班的人，都有過獨自旅行的經驗。旅伴越多，配合各自時間調整日程的壓力就越大，有人想去風景名勝，有人想去當地人才知道的私房景點。一個人去旅行的話，就可以擺脫這種壓力，按自己的意思去想去的地方。要是遇到滿意的地點，還能待久一點。吃東西也能吃自己想吃的，不必在意人際關係，只需忍耐孤獨。獨自旅行的好處多多。

隨著個人主義傾向越來越強烈，八年級生即使結伴出遊，也會出現單獨旅行的情況。假設大家一起前往五天四夜的國外旅行，那麼八年級生會抽出一天，讓大家各自去自己喜歡的地方或做自己想做的事。在出發之前，旅伴會先討論好旅程的第幾天是單獨行動，可以是舊地重遊，也可以是去體驗旅伴不喜歡的活動，又或是坐在飯店附近的咖啡廳觀賞人群熙來攘往。

「和其他人一起去旅行，不是會常常會出現意見分歧嗎？我喜歡自己到處逛逛，品嚐當地食物。有人會覺得到處逛太累了，也有人不愛吃當地食物。我的個性是，一起出遊的時候互相讓步，自己一個人走行程的時候則會去我想去的地方。」

熱愛獨旅的白某（一九九三年生）常去越南。他原本想重遊越南，但隨著全世界爆發 COVID-19，旅程泡湯，他深感遺憾。白某沒有一定要一群人一起出遊的觀念，也覺得旅伴沒必要非得相約一起出發，他認為各自做自己想做的事就行了。白某喜歡去各地 Long Stay 長住旅遊，加上他是自由工作者，時間自由。他會比旅伴提前一週出發，享受一個人的旅行，然後才與旅伴會合，接著一起進行後續的遊程。

八年級生追求個人主義。既然我尊重別人，我也希望得到別人的尊重。八年級生認為只要不造成別人的困擾，他人就不該干涉個人的生活。獨飯是日常，獨影和獨旅也不足為奇。八年級生可以結伴一起做事，若意見不合，也可以自己進行。八年級生不在乎別人的視線，為了自己而活，但這不是只考慮自己的利己主義，而是認為：我有多希望受他人尊重，就該有多尊重他人。

挑戰內容生產者

積極效仿

挑戰（Challenge）被認為是一種新興文化，某人做出特定行為之後指名下一個人，下一個人做出一樣的行為後，再指名下一個人。有許多挑戰隱含了社會訊息，像是冰桶挑戰（Ice Bucket Challenge）一樣，但有些則是純屬好玩。挑戰也被應用成行銷手法之一，全世界的人也在 TikTok 發起過許多挑戰。

八年級生在 Instagram 和 YouTube 上響應挑戰內容，韓國最有人氣的挑戰有冰桶挑戰、Any song 挑戰和宅在家挑戰。

韓國的挑戰文化始於二〇一四年的冰桶挑戰。冰桶挑戰是為了漸凍人患者募捐而發起的活動，由美國最先開始。參與者要把一桶冰水倒在頭上，並拍下影片上傳到社群網站，再指定三名參與挑戰者，被指定的人必須在二十四小時內倒下冰水，或向美國漸凍人協會捐贈一百元美金。有很多藝人和網紅名人不僅倒下冰水，也進行了捐款。而後，冰桶挑戰熱潮逐漸退去，到了二〇一八年，為了不讓人們遺忘這項活動的良好宗旨，冰桶挑戰重啟。

韓國偶像組合 Block B 的隊長 Zico 掀起最大的挑戰熱潮——Any song 挑戰。參與者跟著 Zico 的新歌〈Any song〉一起跳舞，再把跳舞的挑戰短影片上傳到以 TikTok 為主的各大社群網站。在 TikTok 上，Any song 挑戰相關影片點擊數超過八億次。在〈Any song〉音樂公開的同時，登上韓國最大音源[70]網站 Melon 的第一名。在 Zico 之後，韓國歌手 Jessi 也用挑戰的方式宣傳新歌〈NUNU NANA〉。

70 **音源：**歌手除了發行實體唱片外，會在音樂串流平台上公開音源（數位歌曲），又或者是只發音源。粉絲會上網站聽歌，替歌手刷音源榜。

以網路為主的爆紅事物稱為「迷因」（Meme），出自理察・道金斯（Richard Dawkins）的著作《自私的基因》（*The Selfish Gene*），意指基因為求生存而複製、進化。本著文化也會透過模仿而複製的意義，因此叫作「網路迷因」（Internet meme）。上傳模仿他人的模樣和行動的影片或照片，或是他人看見我上傳的內容學著做，形成迷因。在Any song挑戰之前，有過韓國歌手RAIN的〈GANG〉事例。單曲〈GANG〉在二〇一七年發行時沒能得到大眾喜愛，三年後，因為一名女高中生上傳的惡搞影片，這首歌開始翻紅，逆襲音源排行榜。「一日一GANG」一詞也隨之流行，意思是一天得看一次〈GANG〉的音樂錄影帶才行。

在網路興起初期，網上也流傳過一些有趣的照片。人們覺得有趣，想分享給朋友看，於是把影片截圖傳出去。原本是一張普通的照片，用簡單的應用程式放大截圖後，感覺全然不同。看到截圖覺得有趣的人又會二度分享，就這樣一傳十，十傳百，分享的素材逐漸改變，重生，這種現象就叫「迷因」，有時會跟防刪圖[71]一起混用。

挑戰文化的侷限

挑戰文化有時不具意義，純粹找樂趣，但有時則蘊含社會意義。八年級生也跟其他世代一樣，因 COVID-19 而小心翼翼地宅在家裡。在無法隨意出門的時期，八年級生在社群網站上發起家中找樂子的宅在家挑戰。韓國偶像組合「防彈少年團」（BTS）的成員V，上傳影片說：「大家無聊的話，請和電視對話吧。」V穿著舒適的家居服在電視前跳舞，影片上傳不過五個小時，「按讚」數就突破百萬。

看到有趣的影片後，會持續製作相似的內容，形成迷因現象。八年級生創造出形形色色的一個人玩耍法，然後上傳到社群網站，像是餵電視螢幕中的鴿子麵包屑，或學習製作咖啡和演奏樂器的老派影片，又或是上傳有趣的惡搞影片以引發人們關注。主題標籤（Hashtag）主要是「＃隨便玩挑戰」和「＃宅在家遊戲」。八

71 **防刪圖：**짤림방지。韓國某些網站規定發文時不能只發文章，一定要放上圖片，防刪圖是指為了防止發文被刪而附上的圖片。

年級生會搜尋主題標籤，專挑相關的挑戰影片觀看。

類似的挑戰還有「多虧了挑戰」。這是韓國中央災難安全對策本部因應COVID-19防疫，為了辛苦的現場醫護人員而發起的挑戰。在自己的社群網站帳號上加上「#多虧了活動」「#多虧了挑戰」「#多虧了醫護人員」三個主題標籤，上傳感謝照之後，點名三個參與挑戰者，被點名的人貼上相同的主題標籤，並上傳感謝照之後，再點名下一批參與者。因為是政府機關發起的活動，很多名人也紛紛響應。

八年級生雖然普遍會買單挑戰文化，但還是只有少數的主流分子[72]才會製作影片上傳社群網站。如果和身邊的八年級生聊起挑戰文化，往往不會得到對方熱絡的反應。雖然八年級生知道什麼是挑戰文化，但並不關心，頂多是看到別人的挑戰影片時，順手「按讚」。挑戰影片五花八門，很難全部都知道。也就是說，無論何時，上一代都應該避免將小眾趨勢誤以為是普遍流行。

儘管這種現象是以網路為中心擴散，也擁有一個有模有樣的名字（挑戰），但它很難被定義為真正的新文化。挑戰不過是在認識的人之間散播的遊戲罷了，類似的遊戲有「幸運信」。「這封信最早始於英國，繞地球一圈，將帶給許多人幸運……」，收到如此開頭的信的人，得把同樣的信轉發給身邊的七個人才行。這和玩手機遊戲，把遊戲推薦給朋友就能獲得道具是同樣的原理。如果上一代問八年級生挑戰相關問題，最常見的反應如下：

「我知道挑戰，但我不確定是不是像新聞報導說得那麼厲害，偶爾滑 YouTube 的時候，如果系統自動推薦影片給我，我就會看，頂多是這樣。其實 Any song 挑戰也是一種音源廣告，不是嗎？我覺得那是某些主流分子的文化。」

挑戰文化有其侷限，有時候無法說明挑戰行動的意義或是捐款會被用在什麼地方。有些人搞不清楚那些挑戰者在做什麼事，就貿然認同他們的意見；也有些人因為冰桶挑戰的募款協會進行動物實驗，而拒絕參加冰桶挑戰。大多數的參加者不清楚挑戰細節，單純跟風模仿。靠人氣維生的名人更難避免挑戰趨勢，要是自己沒被人點到名，就會覺得自己像個邊緣人。儘管說明八年級生的特質時，不可避免要談到挑戰文化，但對當事者八年級生來說，他們對挑戰文化並不積極。

---

72 **主流分子：**인싸，源自英文的「Insider」，指融入群體的風雲人物。

八年級生的沙龍文化

拒絕緊密的學緣、地緣

金龍燮（音譯）作家每年都會研究韓國趨勢，其著作《二〇二〇生活趨勢》[73]指出二〇二〇年關鍵字是「弱連結」（Weak Ties）[74]。弱連結意指今時今日的人脈並不需要緊密，是鬆散、不覺負擔，且依需求建立的人脈。根據大學明日研究機構的調查結果顯示，相較於定期聚會，56.2％的八年級生更喜歡不定期聚會；63.4％的八年級生不喜歡應酬喝酒場合與強迫喝酒的聚會。八年級生希望建立輕鬆的人際關係，有需要時才在一起。

「你們署長去哪了？你們署長住南川洞吧？我和你們署長昨天還一塊吃飯，去洗三溫暖！我們什麼事都一起做！」

這是韓國電影《罪時代》[75]中的經典台詞。韓國傳統人脈由地緣、學緣與血緣組成，人們為了和初次見面的人找到共通點，會問「老家在哪裡？」「哪間學校畢業的？」，也會循著姓氏族譜找關係。八年級生無法理解這件事，他們連隔壁住了什麼樣的人都不知道，更遑論地緣觀念。至於學校，也不過是自己想就讀哪一個科系，或是按考試成績分發入學。大家各自忙著賺錢糊口，沒有多餘的力氣照顧學長姐或學弟妹。

八年級生這種思考方式可視為對社會的一種抵抗。《罪時代》的主角崔翼賢（崔岷植飾）尋求微小的共同點，吹噓和署長的交情。過去，韓國社會認為同屬一

73 **《二〇二〇生活趨勢》**：《라이프 트렌드 2020》，ISBN：9788960517486，Bookie 出版。
74 **Weak Ties**：又稱弱連接。
75 **《罪時代》**：又譯《與犯罪的戰爭：壞傢伙的全盛時代》。

個團體就該有相同的行為舉止，彰顯出集體主義的特性。此外，人們還會擔心、害怕若缺席聚會將使自己吃虧。事實上，缺席聚會的人的確會因為被排除於裙帶關係之外而蒙受損失。

根據韓國《經濟評論》新聞報導內容，越是年輕的世代，拒絕宗教的比例越高。這是因為大部分宗教追求緊密的關係。既然人脈變得不重要，八年級生也不會為了人脈上教堂。八年級生強烈排斥稅金的不透明性與變質的商業化教堂。可是，八年級生只是不喜歡教會，並不討厭上教堂的人。在同一篇報導中指出，八年級生包容不同宗教的能力遠優於其他世代。

有些商品尚未普及，卻擊中了八年級生的需求，那就是「社交沙龍」。沙龍是十八世紀法國的流行文化，指的是知識分子的社交聚會，政治家、藝術家、經濟無虞的人們聚集在沙龍一起閱讀並討論，沙龍文化對於重視精神生活的啟蒙主義產生重大的影響。八年級生在職場上很難認識新朋友，又不願意加入規矩繁複的同好會，因此，既然要加入聚會，索性找一個知識性的讀書會。

以興趣為中心的網路

TREVARI[76]是要付費才能加入的讀書會。參加者各自購書，得先提交四百字以上的讀書心得（且不能敷衍了事），才能加入讀書會。每個讀書會的會費不同，有些甚至四個月需支付二十九萬韓元（折合新臺幣約六千九百元）。乍看之下，似乎是個不可能成功的新創模式。但以二〇一九年八月為準，這家新創企業的付費會員超過五千六百名，並且獲得軟銀風險投資（SoftBank Ventures Asia）與韓國FAST INVESTMENT等多方資金挹注五十億韓元（折合新臺幣約一億二千萬元），獲得「即使要付錢，但滿足了某種程度的連帶關係需求」的評價。

依據韓國文化體育觀光部「二〇一九年國民閱讀現況調查」結果顯示，韓國成人的年平均閱讀量為七．五本，相較二〇一七年的調查結果九．四本，少了一．九

---

76 TREVARI：以付費讀書會為基礎的韓國新創企業，會員需繳納高額會費、寫讀書心得才能參加實體讀書會，現有三百多個小型讀書會。

本。實際上，只要稍微觀察周遭的人，不難發現擁有固定閱讀習慣的人並不多，但沒有人會否定閱讀的好處，畢竟閱讀被認為是門檻最低的自我進修方式。TREVARI 採用學院體系，就像是對只空口說：「啊，得運動才行！」的朋友，要他先刷卡加入健身房會員一樣，TREVARI 讓大家先付會費。想參加讀書會就得先寫讀書心得，得先投入時間，這是一種強制幫助閱讀的體系。

如果說 TREVARI 是以讀書為內容基礎的社交沙龍，那麼「喜好館」就是以地點為中心的社交沙龍。在「喜好館」裡不問名字、年紀、學歷和職業，只專注在聚會主題，而且會員得加入一定時間後才能參加聚會。在會員有效期間，可自由使用「喜好館」的空間與項目。喜好館的經營者高志賢（音譯）說：「『喜好館』是讓人們溝通對話、交換靈感的會員制社交俱樂部。」喜好館的本質是社交俱樂部，所以會員之間可以搭話交流。

除了 TREVARI 和「喜好館」，類似的社交沙龍正在增加。人們對料理、音樂和電影等多樣化主題進行「文討」（文化討論），分享煩惱；也有為了特定領域而開設的沙龍，像是「安全家園」就是以科幻、幻想一類的類型文學創作者為中心所開設的沙龍。然而，沒去過社交沙龍的八年級生比去過的多，且大多數的八年級生不知道什麼是社交沙龍。上一代只需將沙龍想成是新類型的社群，接受它就夠了。

以個人喜好為中心的新興人際關係增加，傳統的人際關係也隨之減少。根據《東亞商業評論》的調查，只有6.6％的人回答參加同學會的頻率變高，相反地，有52.1％的人回答頻率減少。根據分析結果顯示，儘管人們以「忙碌」為由婉拒出席同學會，但實際上是不想進行情緒勞動（Emotional labor）[77]。13％的人回答「跟別人見面進行情緒勞動本身就很麻煩」，11.8％的人回答「很多人和我合不來，所以不想去」，11.8％的人回答「不喜歡跟不熟的人裝熟」。

厭倦傳統人際關係的不是八年級生，而是上一代。以愛好為主的社交沙龍，參與者不僅只有二十多歲到三十多歲的人，也有很多四十多歲的人，可見得社交沙龍不是特定年齡層才會使用的服務。價格昂貴的社交沙龍，對身為職場新鮮人或大學生的八年級生來說，是一種負擔。同學會也同理，八年級生還不到「只能趁同學會

77 **情緒勞動：**指管理自身情緒，用以創造公眾可見的面部與肢體表現。

才能見到老同學」的年紀，只要不搬家到很遠的地方，住在同一區的老同學還是能夠經常碰面。上一代不能因為九〇年代和自己小時候的模樣不一樣，就認為世代改變了。改變的是整體社會，是在上一代未曾察覺的時候，社會的價值觀悄悄地產生了變化。

八年級生對傳統人際關係感到厭倦，又不願意被孤立。畢竟人類是社會動物，難以獨自生活，無論是職場或宗教，只要是人，都需要逐漸建立新的關係。不過，假如八年級生過去因好奇而參加過一次的聚會，後來對方卻一直打電話邀請八年級生再去參加，類似這種強迫拉人的手法只會使八年級生更加反感。

假如上一代能確保鬆散的人際關係，尊重八年級生的多樣性，就能輕易打動八年級生去嘗試。比起透過緊密的人際關係來抓住八年級生，建議上一代先提高聚會的體驗品質。儘管上一代和八年級生的人際關係喜好傾向有相當程度的差異，但其中卻也不乏相似的傾向。

八年級生不婚的真正理由

倒塌的婚姻觀、子女觀

現在是對不婚主義和頂客族司空見慣的時代。儘管不婚主義者不算多，但如果說自己是不婚主義者，人們通常會回應「啊，這樣子啊？」並接受。不婚主義者，顧名思義就是會談戀愛但不結婚的人。頂客（DINK）族是「Double Income, No Kids」的縮寫，意即「不生孩子的雙薪家庭」。八年級生對同居的認知產生很大變化，韓國的婚姻文化逐漸追上歐洲。

據韓國統計廳表示，七年級生在二十多歲的時候，對於「該不該結婚」的問題，回答「結婚比較好」的男女比例分別為71.9%與52.9%。過了十年，以同樣的問題詢問八年級生時，回答肯定答案的男女比例分別降至40.6%和26.3%。無論男女，對婚姻的負面思維都急遽增加。平均而言，一半以上的八年級生對婚姻持否定態度。縱使政府大幅推動生育獎勵政策，提供新婚夫妻援助，八年級生對婚姻的基本認知一如既往。

上一代未能展露婚姻的優點給八年級生。有人不曾對婚姻有過幻想嗎？這種人應該是極其少數的。可是，幻想終究只是幻想，不能不考慮現實問題。婚姻是改變人生的重大決定。婚後花錢的單位開始變化，得照顧對方家人，也要減少花在自己身上的時間。對八年級生來說，結婚不是理所當然的選項。看著周遭的人幸福生活的模樣，回頭想想自己是不是也能過著那種生活，倘若持懷疑態度，則不打算結婚。

有些上一代把低結婚率與低生育率歸咎於年輕人，然而，最近的離婚件數說明了上一代對婚姻其實也是抱持著否定態度。根據韓國統計廳的調查，二〇一七年的離婚件數為十萬六千件；二〇一八年為十萬九千件；二〇一九年為十一萬一千件。

儘管在二〇一七年前，離婚件數呈下降趨勢，但從這個數據可看出二〇一七年後離婚件數急速上升的反彈效果。一九九〇年，離婚件數僅為四萬五千七百件，是近年的一半。這些數據不包括現在甫步入婚姻的八年級生，這個數據是針對上一代的統計。迴避婚姻是整體社會的變化，不是年輕人的問題。

也有人提出結婚率和經濟實力存在關聯性。根據韓國保健社會研究院的「青壯年居住特性與婚姻之間的關聯性研究報告」結果顯示，60.8%的未婚男性認為結婚的前提條件是自己的月薪得超過三百萬韓元（折合新臺幣約七萬一千元），而74.2%的女性認為配偶收入應在三百萬韓元以上，顯示出兩性的共同意識。可是，我們不能單從經濟實力斷言結婚率下降的原因。結婚率急劇下降，其速度超過平均收入下滑速度，可見經濟實力不過是部分因素。每一個世代都有富人，有貧人。從過去的年代就是如此，經濟能力好的人有著更高的結婚率。上一代與其從經濟實力尋找結婚率下降的原因，不如探究大眾對婚姻觀的變化。

假如八年級生詢問上一代結婚的理由，上一代往往給不出明確的答案，最常見的答案是避免老後孤獨。不過，八年級生的特徵之一就是專注當下。對八年級生來說，老後過於遙遠，而且還不知道能不能活到那時候，說不定哪天就死於意外了。若將投資在婚姻上的金錢轉為他用，那麼能做的事情太多了，而且等到老後可以過著不孤單的頂客族生活。不管是什麼形式，真到了老後，八年級生應該都有辦法令自己不孤單。

孩子生活大不易的殘酷社會

大眾對結婚率之所以如此關注，是因為它與生育率息息相關。韓國統計廳「二〇一八年出生、死亡統計暫定結果」所發表的數據指出，二〇一八年韓國生育率為〇·九八，首次跌破一。由於結婚是兩人的事，是以生育率得達到二·〇才能維持人口數。從理論上看來，再過一個世代，人口就會減少一半。這樣下去，韓國人口即將消失。這種現象已超過十年之久，至今還看不出有任何解決跡象。

韓國邊把低生育率視為國家災難，邊把孩子送去海外被領養。二〇一七年，韓國把孩子送到美國被領養的數據排名，僅次於中國和衣索比亞。位居前列的是

GDP低的國家，在這種情況下，韓國竟然堂堂正正地占據第三名，把孩子送往美國、加拿大和澳洲等國。二〇一七年，韓國約有一半的待領養兒童被送到海外。這就是韓國政府獎勵人民生育卻不願承擔責任的態度，韓國國家整體似乎還缺乏危機意識。

就像店家增設了無兒童區（No Kids Zone）[78]一樣，人們對孩子的認知正在改變。在每個人都有孩子的年代，曾有過尊重孩子多樣化特性的文化，縱使孩子們在公共區域有點吵鬧，但大家會認為孩子吵鬧很正常，我現在包容別人的孩子，以後輪到我的孩子被包容。可是，近年來，生孩子不再是理所當然的事，八年級生要求孩子和成年人一樣要守規矩，既然我的包容不會有得到回饋的時候，那麼現在當然不用包容別人的孩子。如今的社會，變成了孩子生活大不易的殘酷社會。

單一民族（Monoethnicity）的概念也逐漸模糊，八年級生習慣和外國人互動交流。在韓國統計廳公布的結婚對數中，韓國人與外國人結婚的比重為8.8％，且持續

78 **無兒童區：**某些韓國餐廳、咖啡廳或商店為拒絕兒童入店而設置。

增加。即便是民族主義情緒強烈的德國也未能抵抗全球化潮流。現在待在韓國的外國人口占韓國總人口的5%。正如過去朝鮮王朝興宣大院君[79]的鎖國政策般，韓國以單一民族的自豪感追求緊密的關係，有可能招致失敗結果。

隨著既有婚姻觀的崩塌，反之，八年級生逐漸以好的眼光看待同居。如果上一代說「韓國是血緣中心社會，不可能變得像歐洲那樣」，那就是沒能看出全球潮流。歐洲在二十年前和韓國相差無幾，但人們的認知在二十年的短暫光陰裡產生變化。韓國統計廳以滿十三歲以上的國民為對象施行的「二〇一八年社會調查」中，56.4%的人回答「就算沒結婚也能一起住」，顯示出八年級生對同居的認知與歐洲高度相似。

八年級生的下一世代對婚姻抱持更強烈的否定態度。根據大學明日研究機構的問卷調查結果，向一九九六年之後出生的三十一名Z世代詢問：「您認為應該結婚嗎？」有二十六人回答：「我不認為。」而持肯定答案的五人中，有兩名是八年級生。假設半數以上的八年級生持否定立場，那麼八年級生的下一世代將有大部分的人是否定結婚的。七年級生與八年級生的婚姻觀出現急遽差異，同樣地，八年級生和九年級生的婚姻觀也有不小落差。

對八年級生來說，不婚主義或頂客族不只是網路詞彙，環顧周遭，輕易就能找到這種傾向的人。從九年級生到上一代的看法都是相同的，都認為現在的婚姻文化並不好。九年級生對結婚與否的調查給出了消極的答案，而上一代的離婚率逐漸攀高。現在的我們應該像歐洲一樣，承認同居，接受多元文化。

79 **興宣大院君：**朝鮮王朝的宗室成員暨政治家，權傾朝野，受儒學影響，反天主教，於一八六四年實施鎖國政策，拒與美國建交與通商。

第二章

八年級生的思考模式

有些不同也沒關係

尊重他人喜好

如今不再是大聲就能贏的時代，八年級生用智慧型手機上網搜尋就能輕易取得正確答案。假如碰到沒有正解的問題，八年級生會接受各自的立場。即便是針對同一個主題，網路上也會出現各種不同主張。八年級生透過網路接觸到多方論點，對於學校課堂的討論文化習以為常，同時消弭了不少職業偏見。八年級生認識從事稍微特別的職業的人，頂多心想「做的是特別的工作啊」且接納。

朝鮮時期，黃喜政丞[80]府上有兩名僕役起爭執，其中一名僕役向黃喜政丞告狀、訴苦，黃喜政丞聽完來龍去脈後說道：「你是對的。」另一名僕役也向黃喜政丞大吐苦水，黃喜政丞也說：「妳是對的。」在旁看見這一幕的政丞夫人問道：「為什麼說兩個人都是對的？」對此，黃喜政丞給了以下的答覆：「妳說的聽起來也對。」

某位網路原住民留言重新解讀黃喜政丞的話。他認為黃喜政丞說的話，是在雙方意見出現分歧時常見的。認為A是對的人，是正常的；認為A錯了的人，也是正常的。重點是，說人錯了並加以嘲笑或指責錯誤的人，則是不正常的，尊重他人是每一個世代的應有態度。無論如何，只要從不同角度看，每個人所想的答案都可能是正確答案。雙方的立場都有其根據，討論應該到此為止，要他人強行接受自己的意見是不對的。

網路上的人比現實中更加多樣化。八年級生學會如何應對以引起大眾關注，也知道什麼樣的文章或留言會引起大眾響應，或招致千夫所指。不管在任何社群，強

---

80 **黃喜政丞**：為高麗王朝末年至朝鮮王朝初期的宰相。政丞即宰相之意。

行要求他人接受自己的意見一定會遭到指責。儘管任何行為都是自由的，但不能試圖掌控他人。八年級生邊進行網路活動時，邊領悟到這個世界有著各式各樣的意見，同時也接受了「我的意見只是眾多意見之一」的事實。

不僅八年級生，韓國整體社會都在認可多元性。根據韓國網路市場調查公司Embrain（Embrain.com）的「二〇一八年針對喜好的認知調查」數據，93.9％的人回答「個人喜好應該得到尊重」。而認為重視個人喜好已成為一種趨勢（82.8％）、現在有很多迎合個人喜好的服務和商品（78.1％）；認為許多人會清楚地表明自己喜歡什麼或不喜歡什麼（57.4％）；並且認為從整體社會看來，能體現多元取向，意義深遠（80.3％）。

人生是選擇，沒有非做不可的事

「我們需要承認自己與他人的不同，不能用正常或不正常區分自己和他人，而應持有尊重他人的態度，並打破固有觀念，練習接受差異。學習尊重自己與他人的差異與多元性是大學和大學生應當追求的方向。」

這是「社會價值民間活動（Social Value Connect，簡稱 SOVAC）二〇二〇」[81]的採訪內容。SOVAC 分享不同領域的ＭＺ世代大學生，以多種方式實現社會價值的故事。韓國高麗大學傳媒學系收集該採訪內容，上傳至 YouTube，那些採訪清楚說明了大眾熟知的八年級生特徵。接受上述採訪的受訪者都正在進行某些專案，以建設尊重多元性的社會。承認多元性很重要，而現在的八年級生正在形成這種共識。

八年級生對討論文化熟悉。儘管對於填鴨式教育的抨擊依然很多，但相較過去，八年級生已置身於較能自由表達意見的環境。討論不是為了找出正確答案，而是企圖尋求共識。假如討論的問題已有正確答案的話，上網查就好了。容易產生矛盾的問題往往不具正解，如果有人堅持自己的看法才是對的，則討論將無法繼續進行。在討論的過程中，八年級生會接納他人意見，有時也會改變看法。

在八年級生接受多元性的同時，他們的職業價值觀也正在改變。八年級生認為

81 **社會價值民間活動：**為韓國ＳＫ集團舉辦的社會價值活動，宗旨是連結各方力量，攜手解決社會問題。

自己滿意的工作就是好工作，沒必要遵照著社會決定好的職業排名。著有《我是打掃的呢？》[82]一書的金禮志（音譯）實際從事清掃工作，她希望大家不要覺得她的工作很特別，那只不過是一份收入還不錯的工作，希望大眾能以平凡的視線看待她，一如看待其他的職業。「活得稍微不一樣，感覺很幸福。所以說，活得有點不同，不行嗎？」金禮志作家的話語透露了她的價值觀。

YouTube頻道「二十多歲的公車司機的故事」是一名青年退伍後，加入公車業所拍攝的Vlog。這位公車司機很滿意自己的薪資，也對自己的工作感到驕傲。YouTube頻道影片記錄下他為了存錢，從住考試院[83]時期到後來搬進套房的過程。八年級生會認為清掃工作或開公車的生活，只是比較與眾不同。而醫生和律師這類的職業是了不起的工作，但僅此為止。八年級生接受每個職業都有自己的難處與優點的事實。

對八年級生而言，沒有非做不可的事。根據二〇一八年大學明日研究機構的調查，在十九歲到三十四歲的受訪者中，65.1%的人回答「不用上大學也沒關係」，61.4%的人認為「不用結婚也可以」，60.0%的人認為「可以不生小孩」。不光是上大學、生兒育女，八年級生認為沒有什麼事是非做不可的。八年級生抱持「既然出生就活著吧」的想法，因此沒必要逼自己做討厭的事。無論是大學或婚姻，都被八年級生認為只是眾多選項之一。

82 **《我是打掃的呢？》**：《저 청소일 하는데요？》，ISBN：9788950979591，BOOK21 出版。

83 **考試院**：是韓國平價的租屋，通常只提供容納一個人生活的空間。

保障國民年金

到了六十歲即將見底的國民年金

韓國國民年金是一種社會保障制度，是保障人民能有安穩的老後生活的最低標準。然而，八年級生對於「國民年金是稅的一種」而感到不滿，因為他們不相信國民年金制度能存續到自己也變老時。隨著要付的錢不斷地增加，能領到的錢越來越少，引發世代之間的公平性爭議。雖然八年級生嘴巴說著「畢竟是政府主導的制度，能付多少就盡量付吧」，但擺脫不了心中的不安。

韓國國民年金開辦於一九八八年，起先以十人以上的事業單位為對象，之後範圍逐漸擴大到五人以上的事業單位與農漁村地區。二〇〇三年，韓國國民年金指定適用的單位為一人以上，日領臨時工也包含在內。除了已有專門年金制度的公務員、教職員、軍人與郵局員工之外，所有韓國國民都是國民年金的納保對象。國民年金的規模大，納保對象超過二千萬人，以二〇二〇年為準，國民年金金額達到了約七百三十兆韓元（折合新臺幣約十七兆三千億元）。

基於避免投保人承受損失，國民年金的結構大致分成老年年金、殘疾年金和遺屬年金。老年年金是一般所說的國民養老保險，以加入十年以上的年金投保人為對象，從投保人六十歲起領到死亡為止；假如投保人在投保期間因疾病或受傷成為殘疾人士，則支付「殘疾年金」；假如具有年金領取權的投保人過世，則向死者遺屬支付「遺屬年金」。即便不能滿足年金領取條件，也另設有年金退還日期與死亡日期支付金制度等保障制度。

最令人擔憂的問題是國民年金破產。因為國民年金旨在保護個人不受損失，因此成本昂貴，加上這是國家推動的制度，國家不像民間保險公司一樣會為了不給付保費而起訴投保人。據韓國國民年金財政推算委員會表示，國民年金將在二〇五七年用盡，恰好是八年級生步入六十歲之際。這還是韓國合計出生率一．〇的結果，當合計出生率低於一的時候，國民年金將會提前三年，也就是在二〇五四年用盡。

韓國政府長期以來不遺餘力地阻止國民年金破產，有人主張國民年金給付年齡應提高到年滿六十五歲，並應調漲目前的9％保險費率。儘管各界都有改善國民年金制度的意識，但卻窒礙難行。政府每五年會重新調整國民年金公式，試圖將國民年金破產的可能性最小化。然而，事實是國民年金破產的時限不斷提前，剩下的選項有二：無法給付年金，或是留給八年級生的子女更大的負擔。

在年金改革的問題上，八年級生表現出極端的利己主義。八年級生不要求國民年金現實的改革方針，而是要求「國家明文規定保障國民年金支付」，確保日後若國民年金破產，將由政府資金支付。實際上，文在寅總統已下令國民年金明文化，在稍微調整國民年金制度後將有明文化的可能。儘管八年級生無法像上一代人般獲益，但只要能維持現在的年金水準，八年級生已是獲益良多。國民年金規模過大，無法取消，國民不想馬上交出更多自己的錢，故選擇把負擔留給下一代。

國民年金的另一個問題是世代間的公平性。根據國民年金研究院表示，一九二八年出生的女性受益率為七十二，意思是能拿回七十二倍的納保金；一九九〇年出生的女性可拿回三．一四倍，男性可拿回一．六二倍。儘管這個數據不考慮通貨膨脹率，但世代之間仍存在明顯差異。一旦提高年金給付的年齡，提高投保費率，差距就會更大。國民年金正在枯竭。假如是納保金和領保金金額相同，年金就不可能縮水。（〈年輕一代投保人或現在才投保的人，能領到的年金比先加入的世代少〉；李載浩（音譯）；「國民年金公團部落格」；二〇二〇年一月十六日）

沒錢養老

由於國民年金經營需要鉅額資金，因此國民年金以機構投資者身分投資大型企業，在大多數的韓國國內企業，國民年金都是大股東，擁有足以左右企業決策的影響力。雖然國民年金屬國家機關，以不參與企業決議為原則，但過去，大韓航空股東會曾行使表決權，否決趙亮鎬會長連任。

二〇二〇年三月十一日，世界衛生組織（World Health Organization，簡稱WHO）宣布COVID-19進入全球大流行，全球股市應聲暴跌。先前徘徊在二千一百點的韓國綜合股價指數（KOSPI）跌至一千五百點以下，每天跌8％以上，引發熔斷機制，股市暫停交易。由於年金收購，使得股市從下跌走勢反轉成上漲走勢。韓國金融機構和外資在所有人拋售股票的時候，買入股票以捍衛股價。

就結論而言，這是最好的選擇。相較其他國家，韓國股市做出了妥善防禦，如今韓國綜合股價指數也急遽上升中。恐慌時收購股票是股票投資的基本概念，不過國民年金的行徑不像是單純投資目的。一般來說，在局面動盪不安的情況下，機構投資者會拋售股票。在初期一波大量收購股票之後，直到股市走勢反轉，國民年金一直呈現消極態度。從股票收購數據可看出，這種情況並非出自國民年金本身意志，而是有外在勢力介入。二〇二〇年三月十三日，股票暴跌時，國民年金公團收購三千億韓元（折合新臺幣約為七十億元）國民年金股票以捍衛股價。會在暴跌走勢中大規模收購股票，看起來不像是一般的機構投資者會做的事情。而十三日之後，停止收購股票，讓人懷疑是否受到了外部施壓所致。

當韓國前總統朴槿惠濫用職權成為問題的時候，國民年金成為了爭議中心。韓國國民年金公團支持三星物產與第一毛織的合併，造成國民年金損失慘重。據韓國《Financial Review》報導，以二〇一八年十一月為準，估計韓國國民年金公團損失高達七千四百九十二億韓元（折合新臺幣約為一百七十八億元）。持有三星物產三分之一股份的外資對併購案持反對意見的事實，令整件事更加撲朔迷離。此後，雖然對於合併投票表決結果眾說紛紜，但問題核心在於引發整起爭議事件的背後原因，國民因此開始懷疑國民年金的透明性。

八年級生之所以對國民年金持否定態度，是因為八年級生比起未來，更看重當下。根據韓國保險研究院的調查結果，八年級生的投保率較七年級生少了約10％。保險和國民年金都是保障未來的手段，這一點兩者相似，國民年金是養老保險，而一般保險是應對未來的不確定性。八年級生不想投資在未來不知道會不會發生的事上。

另一個八年級生對國民年金持否定態度的理由是「貧窮」。越年輕越沒錢是人之常情，賺錢賺越久，平均資本累積越多。八年級生即便進入高年薪大企業工作，現階段也還不至於累積大筆資金。儘管同樣都是十萬韓元（折合新臺幣約為二千三百元），對於有錢人和窮人而言分量截然不同。一旦重視起每一分錢，就會開始斤斤計較錢被花到哪裡去。八年級生捨不得薪資單裡被扣除的國民年金保費，以後的事以後再說，起碼現在希望先把國民年金保費留在我的存摺裡。

後物質主義的感性

陷入復古文化的原因

後物質主義（Post-materialism），指的是有別於過去重視經濟上的物質穩定的習性，謀求個人自由、自我表現和生活品質等的非物質價值觀。開發中國家追求物質主義，嚮往金錢、安全感和所有權。當開發中國家步入已開發國家之後，人們的價值觀自然而然地改變，逐漸看重非物質價值。

美國密西根大學羅納德・英格爾哈特（Ronald Inglehart）教授主張，邁入後物質主義社會的基本條件是豐饒的經濟物質生活與社會發展，他將物質主義走向後物質主義的過程稱為「寧靜革命」（The Silent Revolution）。大部分的工業化國家重心從「傳統價值」轉變為「非宗教性的理性價值」，在滿足經濟與肉體安定條件後，人們會逐漸顯現出對於愛與尊重的需求，接著會渴望滿足知性的、美學的審美需求。

韓國高麗大學心理學系朴善雄（音譯）教授，在韓國的心理學專業線上雜誌「我人生的心理學mind」上指出物質主義有害精神健康。物欲強的人容易對生活現狀不滿，自信低落，有憂鬱傾向，容易感到孤單。這一類人企圖藉由追求物質以擺脫自身存在的不確定性，到頭來陷入更深的泥沼中。若要克服物質主義，得先知道什麼是對自己有意義的事，以此為基礎，確立自己的存在意義，從而明確地找到自己的存在感。

從經濟成長程度看來，韓國的後物質主義進展緩慢。根據社會科學家們的學術研究專案「世界價值觀調查」（World Value Survey，簡稱WVS）顯示，韓國的後物質主義者比例為14%，較美、日等已開發國家的45%低得多，可見韓國的大眾認知無法趕上急遽的經濟增長。韓國首爾大學張德振（音譯）教授表示：「韓國人的價值觀仍然停留在一九八〇年代的物質主義，現在是時候該拋出『物質追求不重要』的訊息。」在已開發國家環境中長大的八年級生，反而更能體現已開發國家的特性。

在同一項調查中，也顯示出越年輕的世代，追求後物質主義的傾向越強烈。「復古風」在在顯示出這種傾向，八年級生會在休假日造訪保有過去風貌的巷弄，像是首爾的益善洞、城北洞等等，有別於被華麗的高樓大廈所包圍的城市，置身於此感受截然不同的魅力。全州韓屋村一直都是熱門約會景點，這些地方不是單純的老舊，而是以復古風的概念加以整修重建，散發著脫俗氣息。八年級生在時空感停留在過去的空間裡，得以暫時擺脫複雜思緒。

八年級生重視休閒生活的同時，對旅行的喜好趨勢也在改變。最近八年級生流行的旅行風格是「住一個月」，這和過去希望一舉飽覽名勝景點而安排緊湊行程的方式完全相反。八年級生會到旅行地住上一個月，深入了解當地文化，深刻感受當地人的生活方式。去觀光景點當然好，但這種旅行風格主要遊覽當地人的私房景點。根據個人的條件，旅遊時間短則二週，長則一年。八年級生通常會利用 Airbnb 預約住宿，就像當地人一樣住在民宅裡。

另一種八年級生偏好的旅行方式是「公正旅行」（fair travel）[84]，這是一種超越單純的當地體驗，進而想幫助當地人的旅行風格。韓國旅行服務平台 Travelers' MAP 代表卞炯錫（音譯）提倡公正旅行。他表示：「公正旅行就是小心翼翼地尊重當地居民的生活，有禮貌地享受旅行。」有時候，遊客會因為文化差異而不小心傷害當地居民。Travelers'MAP 的體系能防止遊客在不知情的情況下造成當地人的傷害，將旅遊經費回饋當地。

放下激烈的人生

根據大學明日研究機構的統計結果顯示，比起人氣旅遊名勝，35.0%的八年級生更想去發展程度相對低的小城市觀光。旅行心願清單調查結果分別是，「想去沒人知道的街道旅行（35.0%）」、「想體驗獨特的街頭小吃（33.0%）」、「想學新語言和新技術（33.0%）」。八年級生不喜歡千篇一律的套裝行程，比起別人去過的人氣餐廳，更喜歡到當地人的私房美食店體驗當地文化。

據二〇一九年《中央日報》的調查數據，韓國人最想居住的地方，排名第一是首爾市江南區。在資本主義社會裡，江南是首選，理所應當。然而，排名第二名與第三名的是西歸浦市與濟州市，也就是說，越來越多人追求新的生活方式。大企業扶植的工業城市太無趣，城市應該具備自己的魅力。首爾與濟州島是韓國最具魅力的城市，首爾是消費娛樂中心，濟州則是具有異國色彩。

韓國電視劇《天空之城》描述醫生與律師等高薪專業人士的兒女們，參加大學入學考試的故事，充分展現從物質主義走向後物質主義的過程。這齣劇沒有提到醫生需要救助人命的使命感等等，劇中角色只在意自己的地位與收入多寡。已是人生勝利組的父母為了確保兒女將來也能位居同等地位，一心想把兒女送入首爾大學醫學院，無所不用其極，甚至不惜高薪聘請家教，最後一家人陷入破滅窘境。

---

84 **公正旅行**：即「永續旅遊」（sustainable tourism）。

《天空之城》劇中的所有家庭最終成功擺脫物質主義，迎接完美結局。劇中人物車基俊聽見「要爬上金字塔頂端」的話語，強烈反對地喊出：「地球明明是圓的，為什麼是金字塔？」這句話同時也向教育界傳遞出以下訊息：現在也很好，一定要逼人競爭嗎？即便韓國社會還不到《天空之城》的地步，但韓國的中產階級已經成長，電視劇的尾聲展現對後物質主義的追求，並重新找回安定的面貌。省思內心，尋求真正的價值，才能昇華為下一階段。

過去這段期間，韓國社會過於匆忙。「考這種成績還睡得著？」這句話無視了身為人類的基本需求，就連多睡一點都覺得是不好的，沒人敢說自己一天睡八小時以上。二〇一六年，經濟合作暨發展組織（Organization for Economic Cooperation and Development，簡稱OECD）國家的平均睡眠時間是八小時二十二分鐘，但韓國平均只有七小時四十一分鐘。是時候該擺脫「得睡少一點的壓力」「要不斷地自我進修的壓力」以及「要活得繁忙的壓力」。

暢銷書會展現人們當下的關注焦點，反映社會面貌。韓國從二〇一七年慧敏法師的著作《停下來才能欣賞到的風景》[85]領頭，大量的心理勵志類書籍相繼問世，像是《我要做自己：挑戰舊思維、不被死腦筋綁架的生活清單》與《是厭倦了，還是沒有喜歡的》[86]等等。一聽到「現在這樣就很好」，人們生出信心，繼續看這些好文章，能變得開心。越來越多讀者愛看療癒書，意味著越來越多人追求後物質主義。

85 **《停下來才能欣賞到的風景》**：《멈추면，비로소 보이는 것들》，ISBN：9791187498100，守吾書齋出版。

86 **《是厭倦了，還是沒有喜歡的》**：《지쳤거나 좋아하는 게 없거나》，ISBN：9791196797706，Kang Han Byeol 出版。

就算努力，不行的就是不行

擺脫結果主義

八年級生認為就算努力也改變不了什麼。儘管八年級生對努力存疑，但一路以來都在努力。八年級生嘲弄地說「要繼續努努努努努努力」，是因為真的付出過努力。正因自己曾努力過，所以八年級生也尊重他人的努力。縱使結果不如預期，八年級生會對「挑戰」本身獻上掌聲，例如奧林匹克運動會（以下簡稱「奧運」）的國家排名是以金牌數量排序，不計入銀牌與銅牌，但八年級生仍會替奧運銀牌和銅牌得主喝采，不會認為「他們是國家代表」而嚴苛看待選手。每位選手在成為選手之前都是普通人，八年級生肯定選手們所付出的努力。

「八年級生只要肯努力，什麼都能實現！」這種話每個人至少都聽過一次。儘管不是努力就能達成每件事，不過這句話的意思是，只要是你想做的，就算不具才華，也有辦到的可能。八年級生從小聽從大人的指示而努力，等到長大成人之後，有了判斷事情的能力，才理解到有些事不是努力就能實現。八年級生這才醒悟到：過去認為理所當然的事，其實是他人付出巨大努力的結果。因此，八年級生不任意評價他人，而是尊重他人的努力。

二〇〇八年北京奧運男子足球比賽外圍賽（亞洲區），韓國與烏茲別克以零比零踢出平局，球迷與媒體紛紛對比賽結果感到失望，砲轟選手。奇誠庸選手因為球迷的謾罵指責而發火，在社群網站 Cyworld 流露不悅情緒發文寫道：「如果覺得不高興，你們上場跑吧。」甚至在下面追加留言：「你們要不要去比一次？」該篇文章單日造訪人數達到十九萬人，廣受關注。在那之後，奇誠庸選手刪除文章，召開道歉記者會。這是一名「年輕氣盛」的選手在無法控制憤怒時的常見發文之一。

事隔十年，那篇文章仍留在球迷的記憶中，只是球迷指責的對象從選手轉變成罵選手的人，球場文化變成了即使球隊狀態不佳，球迷也會高喊「輸，也好」（無論贏輸，都是精采的好比賽）。假如有人痛斥選手，球迷們就會維護選手說：「說這句話的人自己去比看看啊！」比賽結果不是不重要，熱血粉絲隨著比賽輸贏或瘋狂或悲傷。儘管沒有人一直想看輸的比賽，但八年級生認為過程所付出的努力比結果更重要。

二〇一八年平昌冬季奧運女子冰壺金牌賽，韓國以三比八輸給瑞典，奪得銀牌。那場比賽達到35.3%的收視率，萬眾矚目。銀牌對於韓國在奧運的國家名次沒有助益，過去人們會將失望的心情轉為對選手的指責，然而，如今人們對選手們全力以赴獲得的結果感到開心。「改寫冰壺歷史」「Team Kim 的奇蹟」[87]占據各大媒體版面，大眾齊力聲援默默努力的冷門運動項目團隊。

二〇一八年俄羅斯世界盃足球賽也是如此。韓國在分組賽中接連輸給瑞典與墨西哥，最後對上國際足球總會（FIFA）排名第一的德國。德國是上屆世足賽冠軍，雙方實力懸殊，就連韓國球迷也不抱期待能踢贏德國，沒想到韓國以二比零戰勝德國，成為世足賽最大冷門。德國踢輸韓國，史上頭一遭兒在分組賽即被淘汰出局。

儘管韓國未能踢進十六強，但選手們到最後也沒放棄希望，有始有終。

過去對於輸球選手的過分指責，常被當成是鬧劇，以「這是因為恨鐵不成鋼」這樣合理化的態度輕鬆帶過。二〇一四年，有人在機場朝鎩羽而歸的選手丟麥芽糖，此事件被當成小事，草草收場。二〇一八年俄羅斯世足賽結束後，有人對歸國的韓國國家隊扔雞蛋，而德國足球雜誌《踢球者》（*Kicker*）刊登了相關報導。德國球迷留言道：「韓國足球隊歸國卻被扔雞蛋？那德國足球隊應該被扔磚頭嗎？」爭議四起，人們對於韓國人的風範與水準感到失望、丟臉。

雖然輸了，也是精采的好比賽

現在是理所當然，但十年前還沒有「輸，也好」的聲援。二〇一〇年南非世足

87 **Team Kim的奇蹟**：二〇一八年平昌冬季奧運韓國女子冰壺隊隊員由五名金姓選手組成，因此被暱稱為「Team Kim」。

賽，韓國踢進十六強。雖然如今重新評價了當年的戰績，但在當時的報導，比起恭喜足球隊踢進十六強，更多篇幅著墨於「八強受挫」，甚至有人認為明明擁有史上最強陣容，居然只踢進十六強。當時朴智星選手正逢全盛期，有十多名受過海外訓練的選手參賽，大眾認為這種陣容的成績理應超越史上最好的四強成績。

結果當然重要，取得了好結果肯定是因為有了好的過程。假如冰壺國家代表隊沒有打入金牌賽，人們就不會注意到她們。大眾之所以回過頭來擁護奇誠庸選手年輕時的發言，是因為他是一名優秀的選手。奇誠庸選手加盟英格蘭足球超級聯賽（簡稱「英超」），並作為韓國國家代表隊主將活躍於球場。如果他在二〇一八年的比賽中沒能擊敗德國國家隊，就只能被貼上最糟糕的三連敗戰績標籤。正因踢贏德國隊，所以得到當次佳的結果時，就算他沒能率領球隊踢出最佳成績，大家也以「沒關係」來安慰他。

「輸，也好」，唯有在比賽中展現傑出的戰力時才可能發生，主要用於選手已經全力以赴卻棋逢對手，遺憾落敗。選手輸了，通常觀眾不會送上掌聲，只會說是實力懸殊，而不會稱讚選手表現精采。當然，當選手在勝算較高的比賽取勝，觀眾也不會特別恭喜他。「輸，也好」意味著選手展現出的鬥志遠高於觀眾期待。雖然越來越多人看重過程，但整體上還沒能擺脫結果主義。

結果主義也滲透了八年級生的日常。如果八年級生只說「認真學習主修專業」的話，朋友們會覺得很尷尬，得說出具體可見目的的東西，朋友才能理解。八年級生已習慣為了拿學分或考公職的目標性學習，無法理解沒有目標的學習。也許結果主義正是韓國人的閱讀量不斷下滑的原因之一，因為閱讀不會帶來立即見效的成果，所以人們越來越不愛看書。

如果問八年級生是不是認為過程比結果重要，大部分的人應該會予以否定，畢竟他們活在只重視結果的社會裡，價值觀不可能一夕之間被扭轉，但希望社會越來越重視他人的努力。人們愛看的即便不是國家隊的比賽，起碼也是一級聯賽。許多選手邊磨練球季邊期待升上一級聯賽。八年級生身處競爭社會，深知要升上一級聯賽需要經歷多少競爭，因為重視努力的過程，所以不會過於斥責選手的成績，而是把意義聚焦在挑戰本身。

不原諒不公

反抗看不見的階級

二〇一七年，韓國求職網站 albamon 進行「什麼是最重要的價值？」問卷調查，「公正」以16.1％的百分比拿下第一。美國行動研究學家暨麻省理工學院教授理查・拉森（Richard Larson）表示：「公正的力量是人類的本能。」會使那些對政治冷感的人覺得憤怒，進而有所作為的極端情況，多是缺乏公正所致。八年級生不但對自己，也很在意他人無法得到公正的對待。具有劃時代意義的燭火革命[88]，也正是公正是非的發端。

韓國的大學錄取率在 OECD 國家中排名第一，高中錄取率也高到和義務教育沒兩樣。不管任何領域，其平均水平線提升後，在小地方就能分出勝負。在職業級比賽中，比賽初期造成的小失誤，容易導致無法挽回的結果。當差距越小，不公正的介入就會成為越大的變數。投考公務員的行政職時，一題之差攸關能否上榜。為了讓自己的努力獲得公正的對待，八年級生不得不追求公正。

「考上大學的八年級生比過去世代多，他們是玩手機長大的，對技術很熟練。八年級生之間的實力差距不大。在這種情況下，微小的『不公正的介入』將顛覆結果，八年級生對此強烈反對是必然的。」

這是《國民日報》對《不公正》[89]一書的作者朴元益（音譯）進行的採訪內容。朴元益作家認為八年級生希望的不是上一代的退讓，而是公正的世界。「青年

88 **燭火革命**：又稱燭光集會、燭光示威。韓國前總統朴槿惠爆發崔順實干政風波，韓國民眾每週六手持燭光，走上街頭，要求朴槿惠下台。是韓國近年代表性的民主示威活動。

89 **《不公正》**：《공정하지 않다》，ISBN：9791196533458，jiwainbooks 出版。

世代階級」一詞的使用，彰顯這一個世代的階級性比任何世代都還嚴重。八年級生把自己分成了土湯匙、銀湯匙和金湯匙[90]，自行劃分階級，這是八年級生向出錯的社會結構直接提問的行為。上一代明知社會的不公問題，但卻視若無睹。八年級生與上一代不同，表達出解決問題的意願。

二〇一八年平昌冬季奧運女子冰球賽，南北韓組成聯隊參賽，八年級生對此表達抗議，原因是會剝奪其他為了成為國家隊而努力的選手的機會。相較於顧全韓半島和平的大局，八年級生認為眼前的公正更重要。很多選手為了獲得參賽資格，歷經了四年的努力，也有選手因競爭而被淘汰無法參賽。若南北韓組成聯隊，某些選手夢想了一輩子的位置將被不公地剝奪。

南北韓冰球聯隊違反了公正性。當時的韓國國務總理李洛淵在記者會上表示：「女子冰球隊從來不在奧運會領獎牌，南韓隊世界排名第二十二名，北韓隊排名第二十五名，南北韓聯隊的目標是起碼在奧運賽事奪得一兩次勝利。」也就是說，因為冰球項目不曾領獎牌，所以理應成為政治和平的祭品。政府在決定組織南北韓聯隊的過程中，未曾徵詢女子冰球隊的意見。另一方面，短道競速滑冰是人氣項目，也是韓國有望奪得獎牌的項目，是以從未被考慮與朝鮮組成聯隊。

二〇一八年七月，淑明女子高中二年級第一學期期末考，有一對雙胞胎分別獲得文組與理組的第一名。淑明女子高中是位於江南八學區[91]的明星學校，考試成績居中的學生不可能一夕間擠進前幾名，人們對於雙胞胎突然考到第一名提出疑惑。儘管雙胞胎在答案紙上寫出一模一樣的錯誤答案，但她們寫錯的那題其實並不難，這種實力居然能考取第一，更加啟人疑竇。身為前教育部長的父親洩題的事實被揭露之後，雙胞胎遭學校開除。

這起事件引發八年級生的憤怒，教育竟也存在不公正因素。雖說這年頭麻雀變不了鳳凰，但仍有人把希望寄託在教育上。八年級生對於學校招生政策制定方向越

---

90 **土湯匙、銀湯匙和金湯匙**：土湯匙是經濟困難，需要自力更生的家庭的孩子；銀湯匙為小康家庭的孩子；金湯匙即為「含著金湯匙出生」「人生勝利組」。

91 **江南八學區**：或稱江南八學群。首爾共分為十一個學區，江南八學區為江南區和瑞草區合併而成，是明星學區。

來越傾向有錢人而感到不滿。二〇二二年大學入學考試隨招[92]比例為75.7％，大多數人都像淑明女子高中的雙胞胎一樣，很難贏過隨招的學業評價中得到特殊待遇的人。名校會舉辦許多比賽，替某些學生打造得獎經歷，八年級生光靠自己的努力，是無法贏過和教授串通好寫報告的優秀學生。

八年級生沉迷比特幣的原因

有別於碰到一點小事就示威的上一代，八年級生不習慣當面抗議，只有在公正性受到嚴重侵害時才會付諸行動。二〇一六年，梨花女子大學以上班族為對象，新設立了兩年制的短期學程「未來LIFE學院」。其他大學推動新專案，事前會與學生進行溝通、說服，然而，梨花女子大學則是獨斷獨行。行事專斷的校方迫使八年級生行動起來，在校生與畢業生聯手展開激烈示威[93]，最後時任梨花女子大學校長的崔京姬宣布辭職。

與此同時，爆發了朴槿惠密友崔順實干政醜聞，國民聲援梨花女子大學學生。

二〇一六年十月二十六日，以梨花女子大學的時局宣言為開端，其他大學紛紛響應示威活動，而後哈佛大學與史丹佛大學等的海外留學生也挺身而出，學生們高舉蠟燭走向首爾光化門廣場，共舉辦了二十次的燭光集會。據主辦單位估計，累計約一千六百萬人參加，最終朴槿惠成為韓國史上首位被彈劾下台的總統，因此燭光集會也被稱為「燭光革命」。

從權學勾結、官商勾結到親信勾結，《大韓民國憲法》明示的三權分立淪為無用之物。八年級生覺得社會不合理，產生「我一個人再努力有什麼用？他們狼狽為奸，吃乾抹淨」的想法，是以憤怒地舉起蠟燭。八年級生不認同父母的資本與人際關係是下一代成功的必要條件。這是對強調努力，努力了卻只能碰壁的世界的不滿的表示。八年級生偏好保密性高的「定招」，也是一種對不公正的「隨招」的抵抗。

92 **隨招**：隨時招生之意。韓國大學入學考試分為「隨招」（수시）與「定招」（정시）。隨招類似於我國的繁星推薦、申請入學；定招，即定時招生，類似我國的分發入學。

93 **梨花女子大學學生示威**：學校當時已設有進修推廣部，但卻另設新教育學程，低入學標準和更昂貴的學費引起關注，部分學生認為不尊重學生意見，也有販賣學位之嫌，故引發抗議示威。

八年級生也不接受日常生活中的「搭便車」。在分組報告時，就算是學長姐也不能什麼都不做。有些通識課需要進行分組報告，報告用的投影片上會列出參與這次報告的人名，點擊滑鼠，套用特效功能之後，有一個人的名字被刪除，包括教授在內，課堂上所有人都知道這是怎麼一回事——被刪除名字的人沒出力做報告。八年級生會詳細記錄每名組員在哪一部分付出實質貢獻，無法容忍什麼都沒做的冗員。

八年級生會沉迷於比特幣，不是因為愛好賭博。如果去一趟韓國唯一賭場江原道樂園娛樂場，會發現那裡的二十多歲人比想像中少。八年級生偏好比特幣的理由是，在新類型的資產上獲得公平競爭的機會。傳統資產，如股票和房地產，大多已被上一代持有。房價漲翻天，就算想買也沒錢購入，而玩股票慘虧的事例更是不勝枚舉，在波動劇烈的股票市場中，大戶虎視眈眈地想吞掉散戶的錢。

比特幣的一切都是公平的，八年級生反而占上風。上一代不懂挖礦原理，不知道什麼是山寨幣（Altcoin）[94]，還有每一種虛擬貨幣的特性。在相對公正的市場，政府有意關閉虛擬貨幣交易所，卻對數十年沒被限制的股票市場非法賣空和房地產投機交易不聞不問，只想著快速遏止比特幣。對此，前法務部部長朴相基的「土地投機」[95]再次成為爭議焦點。這是八年級生對上一代投機市場的政策一貫不變所表達的抗議。

---

94 **山寨幣**：指的是比特幣的替代性貨幣，利用比特幣的開放源與初始協議，修改底層區塊鏈技術。虛擬貨幣發展初期，除了比特幣之外，其他貨幣多是修改比特幣的參數而成，所以統稱為山寨幣。

95 **土地投機**：朴相基的母親於首爾蠶室洞、瑞草洞與京畿道果川等地購入房地產，被質疑有土地投機（即炒地皮）之嫌。

對八年級生來說，節目是溝通

吃播的核心不是食物

看見「吃播」實況主[96]們輕而易舉地掃空大量食物，真的很神奇。一開始只是覺得有趣才看，然而，越看越上癮。實況主不能只顧著低頭猛吃，他們要讀留言，回答觀眾問題進行溝通，讓觀眾產生「和實況主一起吃飯」的感覺。正在減肥的人看著別人吃東西的模樣，間接獲得了滿足。吃播ASMR[97]是喜惡分明的領域，也有人會受不了那聲音。

主持吃播節目的實況主都是大胃王。普通人一次吃三包泡麵就算很厲害了，可是吃播實況主能一口氣吃掉十包左右；他們獨自去中式餐廳吃飯要點三道菜和四碗麵，能輕鬆吃掉約三公斤的五花肉；大漢堡一次能吃十個，就連副餐也一掃而空。雖然一開始有人懷疑，吃得多，事後催吐的也多，但事實證明，他們的食量一直都是這麼大。而且他們不會狼吞虎嚥，會像普通人吃飯一樣，吃得很自在舒服。

吃播被視為韓國的獨特文化，事實並非如此，韓國的吃播只是突然受到關注罷了。先前全球就有不同領域的大胃王，也有吃光所有食物就能獲得獎品的大胃王挑戰，還有美食鬥士大會。有一位美國 YouTuber 馬特・史東尼（Matt Stonie）是大胃王比賽的常勝軍，他的 YouTube 頻道訂閱數超過一千二百萬。每個國家都有大胃王，但唯獨韓國吃播是靠大眾媒體走紅的，請想成是普通人無法理解的一種小眾內容就行了。

96 實況主：Broadcasting Jockey，簡稱 BJ，源自 AfreecaTV。指直播主、主播。

97 ASMR：自發性知覺高潮反應（Autonomous Sensory Meridian Response），指受到特定聽覺、視覺或感官刺激而觸發的身心反應。

食物被稱為「挑戰食物」的話，通常會給普通人無法輕易達成的感覺，但實況主能毫不費力地吃光挑戰食物。在弘大的中式餐廳「中華家庭」裡有一道大胃王料理，叫「怪物炸醬」，在十二分鐘內吃掉約為四大碗分量的巨無霸炸醬麵，就不用付錢。某位吃播實況主詢問店員能否吃兩碗怪物炸醬，員工對此感到慌張。結果實況主吃完一碗後，又加點了一碗，兩碗都被吃個盤底朝天。當實況主挑戰怪物炸醬成功之後，他說：「接著我慢慢吃喔。」然後又加點了一份炸豬排和拉麵。

在 YouTube 上，溝通是基本的。實況主邊進行吃播，邊和觀眾交流。如果觀眾透過聊天視窗詢問好奇的事，實況主就會回答，有時候會問實況主的私生活，有時候會問食物相關資訊，有時會要求實況主照他們喜歡的組合進食。比方說，實況主在吃小吃的時候，觀眾建議說：「請用魚糕捲起辣炒年糕一起吃吧！」那麼實況主就會照做。如果實況主和平常不一樣，只吃了五人份，觀眾還會反過來擔心實況主。專家們表示，吃播實況主的食量會這麼大，是因為胃的大小。

「不是說高個子的胃就比較大，也不是矮個子的胃就比較小。」人的胃可以撐大至拳頭大小的四十到五十倍左右。在普通人看來「吃得下這麼多嗎？」，但即使裝那麼多食物到胃裡，大胃王也不覺得飽，能不斷地進食。（順天鄉大學附屬首爾醫院家庭醫學科曹賢（音譯）教授，於《聯合新聞》的受訪內容。）

「吃這麼多到底會不會有害健康？」令人堪憂。隨著年齡增長，人們越會考慮到健康。幾乎所有的吃播實況主都曾去醫院檢查，他們把診療過程拍成 YouTube 影片上傳，大部分的診斷結果都很健康。除了胃比普通人還大之外，並沒有不同之處，而且還得到醫生診斷「以後可以繼續進行吃播沒關係」以及「缺乏維他命 D」等實際建議。

小眾內容侵蝕主流

「喝播」是吃播類型之一。喝播不是要大喝特喝，反而要比跟朋友們一起喝酒的時候更小心。由於青少年禁止飲酒，所以按規定十九歲以下的年輕人不能進行喝播。吃播類型的節目以溝通交流為目的，沒有多少新奇元素。實況主就像和熟悉的朋友一起喝酒，自在聊天。普通的實況主比吃播實況主多，偶爾會有實況主之間一起吃飯的「合播」。

八年級生收看吃播的最大理由之一是「代理滿足」[98]，還產生了「吃播減肥」一詞，因為減肥不能盡情吃東西，由實況主代替自己大吃大喝，從而感到滿足。儘管這被認為是失敗機率最大的最糟糕減肥法，但吃播影片常有網友留言分享減肥成功心得——每當出現「吃宵夜會變胖」的想法時，看著吃播就能忍住想吃東西的慾望。吃播儼然成了一種減肥方法。

吃播從韓國直播平台 AfreecaTV 和 YouTube 開始崛起，後來人氣逐漸蔓延到電視節目。韓國綜藝節目《尹食堂》、《一日三餐》和《好吃的傢伙們》人氣走紅，在吃的內容上增加玩遊戲或做料理等有趣元素，人們興致勃勃看著主持群介紹美食餐廳，大快朵頤的模樣。八年級生收看這一類電視節目的理由和看吃播的理由一樣，但 YouTube 吃播更加聚焦於進食行為。YouTuber 不會特別去找美食店吃美食，而是吃日常生活中會吃的東西，這一點也和電視節目不同。

大部分 YouTuber 都會拍攝一兩回和吃相關的內容，但那些影片還稱不上吃播。因為吃東西是日常重要行為之一，變成一種影片內容也是理所當然的。和吃播最自然而然連結的就是做料理的「煮播」，可說是男女老少都愛看的內容。如果只展現料理的過程，但最後卻不吃成品，那才奇怪。代表性的煮播節目是《白種元[99]的料理秘笈》，他教觀眾如何料理簡單的家常菜，然後展示進食的模樣，並且評價料理味道。

吃播是很看觀眾個人喜好的領域，與其說大部分的人不看吃播，不如說一部分的人為之瘋狂，會更正確。隨著吃播和ASMR人氣暴漲，出現了活用吃東西聲音所做的廣告。韓國人普遍認為吃東西發出吧唧聲是不禮貌的，發出吃東西聲音的廣告困擾了不少八年級生，部分的人突然變成反對派，稱呼吃東西發出聲音的人為「吧唧蟲」。不過，反對派有多少，狂熱派就有多少。八年級生對吃播的認知極有可能僅止於「最近人氣很高，但我還好」的程度。

98 **代理滿足：**指自己無法做到的事，由別人替代自己進行，從而獲得滿足感。

99 **白種元：**韓國餐飲業企業家、主持人、廚師暨作家。

八年級生的道德主義本能

一旦被盯上就很難復出

過去許多韓國藝人犯錯後，經過一段時間的自我反省，接著又會復出演藝圈，但現在人們的道德水準要求越來越高。再優秀的運動選手，如果做出不該做的事，就會失去群眾支持。人們認為 YouTuber 也是公眾人物，以看待藝人的道德標準要求他們，YouTuber 的復出標準也在提高。吃播 YouTuber Banzz 因為誇大廣告而引發爭議，流失大量訂閱人數，至今無法恢復。棒球選手姜正浩因酒駕事件，實際上已經算是隱退狀態。

第一代吃播實況主 Banzz 平均每餐要吃十人份，大分量飲食也吃得乾乾淨淨的模樣，獲得了人們的好感，而且他不會刻意做出誇張反應，更以吃得多仍能維持六塊腹肌的身材管理能力著稱。據說他每天運動六小時以上，在不開直播的時候，他為了維持身材不會吃太多。起初他在 AfreecaTV 經營頻道，二〇一六年轉移陣地到 YouTube。當時 YouTube 直播還不像現在那麼盛行，許多粉絲跟著 Banzz 一起轉移到 YouTube。

二〇一七年，Banzz 憑藉著高人氣，成立保健食品公司 EAT4U，產品主要為減肥輔助相關。Banzz 食量大卻能維持好身材，所以 EAT4U 倍受矚目，但這家公司在其他方面引起爭議，被以誇張不實的廣告嫌疑遭到起訴。公司方以「只是利用產品使用者的使用心得拍了廣告」主張無罪，但被駁回。Banzz 和 EAT4U 分別因違反韓國《健康機能食品相關法律》第十八條（禁止虛假、誇大與毀謗的標示與廣告），約處五百萬韓元（折合新臺幣十一萬九千元）罰鍰。

Banzz 的 YouTube 頻道訂閱數因這起事件大幅下滑，粉絲對於 Banzz 的違法行為感到失望，相繼取消訂閱，不再看他的影片，訂閱數從三百三十萬減少到二百三十萬。雖然 Banzz 不斷地上傳道歉影片，訂閱數也因他展現出反省的態度有所回升，但漲幅有限，很難回到爭議之前的人氣。這可能是他第一次經營事業，所以不清楚，如果是普通人發生這種事，周遭人不會有太大反應，但身為名人就必須承受大眾的高道德標準。

二〇二〇年，人氣 YouTuber 接連爆出「隱藏業配廣告」事件，也屬類似的爭議形式。隱藏業配廣告指的是假裝沒有收取廣告商贊助，聲稱自己花錢購買商品上傳相關內容，有時候會加上「我錢我買」（我用我自己的錢買的）的非廣告主題標籤。只要有心，人人都能當 YouTuber，YouTube 頻道不是由大企業經營，而是個體經營。Sangyoon、MBRO、YangPang 等多位 YouTuber 為隱藏業配廣告而道歉。擁有二百六十萬訂閱數的 YouTuber tzuyang 公開道歉，表示在經營頻道初期因為無知而違法。在那之後，雖然她短暫退出 YouTube，但又再次復出。那段期間，YouTube 被 YouTuber 的各種道歉影片洗版。隨著隱藏業配廣告引發爭議，藝人也成了被大眾檢視的目標，知名造型師韓惠妍與女子組合 Davichi 成員姜珉炅，被踢爆收了數千萬韓元的贊助費進行隱藏業配廣告。

不需要道歉，請永遠退出

藝人若能妥善處理爭議，再次復出，多半得歸功於經紀公司。YouTuber 也有公司，其概念與藝人經紀公司類似。YouTuber 的公司負責發布對形象有益的新聞稿，管理粉絲，牢牢抓住粉絲的心。DIA TV 或 Sandbox Network 等多頻道聯播網公司[100]也會幫忙檢視法律問題。但由於這一類公司與 YouTuber 之間只是單純的合約關係，無法深入介入。一名關係人士在《國民日報》採訪中表示：「沒有和廣告商協商過的廣告，一般來說內容製作與企劃的責任會由 YouTuber 自行承擔。」

YouTuber 要是出現失誤，知名度就會出現無法挽救的下滑。

棒球選手姜正浩的棒球生涯，因酒駕事件畫下句點。他曾獲得韓國職棒金手套

100 **多頻道聯播網公司**：Multi-channel network，簡稱 MCN，指與影片平台結盟的第三方服務供應組織，主要負責開發觀眾、規劃節目內容、與內容創作者協同合作、管理數位版權、營利與行銷等多樣服務。

獎[101]多達四次，被選為季後賽MVP，甚至受到美國職棒大聯盟的關注。他也為二〇一〇年和二〇一四年的亞洲運動會（簡稱「亞運會」）棒球金牌做出貢獻。二〇一五年，他與匹茲堡海盜隊簽下四年總值一千一百萬美元（折合新臺幣約三億元）的合約，同年七月，他以最佳表現奪得單月最佳新人獎。賽季結束後，他在國家聯盟（National League，簡稱NL）年度新人王投票中勇奪第三名，得到了「具有惡魔的才華」的評價，帶給棒球迷看球的樂趣。

然而，姜正浩在二〇一六年十二月酒後駕駛時，撞上護欄後肇事逃逸。他一開始告訴警方是朋友負責開車，卻被行車記錄器揭穿真相，而後被揭發這是他的第三度酒駕，涉嫌隱瞞前兩次酒駕。當時接受採訪的姜正浩表示：「我很抱歉，以後我只能用棒球報答大家。」「未來會展現好的面貌。」這些都是引發爭議的選手們的慣用台詞。姜正浩也醒悟到把棒球打好，對球迷才是最好的回報。姜正浩因為該起事件被判有期徒刑八個月，緩刑兩年。

姜正浩由於酒駕沒能拿到美國工作簽證，二〇一七年賽季也因此付諸東流。對一名全盛期的選手來說，一年空白期的影響相當大，說不定再也找不回上場比賽的感覺。儘管姜正浩在二〇一八年賽季勉強復出，但手感回不來，狀態下滑，只參加了三場比賽。二〇二〇年，他試圖重返韓國球場卻遭到球迷強烈反對，姜正浩的前所屬球隊培證英雄隊也對此感到尷尬，最後姜正浩表示撤回復出意願。即便出色如姜正浩選手，球迷也無法接受犯錯之人的復出。

對於引發爭議的藝人，韓國社會至今仍寬容以對。二〇〇九年，搖滾團體 M.C THE MAX 成員李秀涉嫌性交易，雖遭判緩刑起訴，但之後仍持續進行音樂活動，歌曲也登上音源榜第一名。曾引發賭博爭議的韓國主持人李壽根透過綜藝節目《新西遊記》復出，曾涉嫌逃避兵役的歌手 MC 夢也重返音樂界。二〇〇六年出道的男子組合 BIGBANG 屢惹爭議，他們之所以能繼續音樂活動是因為歌迷的擁護。BIGBANG 成員入伍前引起的眾多爭議，當中包括涉嫌吸食大麻。

人人都會犯錯。如果因為一次的犯錯，就永遠封殺那個人，可以說是太過

101 **金手套獎：**金手套獎頒獎典禮為韓國棒球界盛事之一，每年會頒發金手套獎給韓國職棒年度攻守表現最佳球員。

分了。歷史上，有給予犯錯之人終生懲戒的時候。美國作家納撒尼爾・霍桑（Nathaniel Hawthorne）的小說《紅字》（*The Scarlet Letter*）中，把「A」烙印在通姦女人的胸前，意味著在人前蓋章，要她永世不忘自己所犯的錯。讀這本小說，沒有人主張要永遠排斥犯罪者，更多的人認為懲罰過於殘酷。時至今日，網紅們也應該自己制定道德標準才行。

看重道德並非八年級生的獨有特質，而是他們經常看到犯錯的人短暫反省之後就重新復出才變成這樣。八年級生看見有人犯錯，會想「一定是反省一下又會回來了。」八年級生認為人們太容易接受名人犯錯，才會欠缺對藝人的戒備。正因如此，八年級生會格外留意，不再支持犯錯藝人。如果犯錯藝人想復出，八年級生就會以先前的事件為依據加以反對。即便他們硬要活動，也必須承受大眾的有色眼光。八年級生的思維方式是，假如犯了足以引發爭議的錯誤，就應該以足夠久的時間真心反省才對。

串流，是為多元體驗或沒錢

比起下載，更傾向串流

八年級生認為「體驗」很重要。除了某些人之外，大家賺的錢都差不多。花一樣的錢，與其擁有一樣東西，不如選擇十種不同的體驗。隨著訂閱經濟的發達，八年級生更能輕易享有體驗。八年級生不下載（擁有）電影，而是透過串流媒體看電影。他們會透過共同生活空間（Co-living Space），和其他人分享居住空間；他們會為了培養興趣或進修以提升競爭力，使用 CLASS101 或 FAST CAMPUS[102]。八年級生承認具有這種特性，同時也可以說是因為沒錢所致。

首爾大學金蘭都教授合著作品《二〇二〇韓國趨勢》[103]中，把「串流生活」（Streaming life）選為二〇二〇年的消費趨勢之一。八年級生如今運用串流媒體平台聽音樂或看電影。當然，如果直接付費購買，想看多少次都沒問題，對於喜歡重溫經典作品的人而言，直接購買更符合經濟效益。雖然在串流媒體能看到各式各樣的內容，不過一停掉訂閱就再也看不了，串流的優點是能節省下載時間。

如今，串流的概念也被利用在居住空間上。**LIFE on 2GATHER** 是共享辦公室企業 Fast Five 經營的共享居住空間，附設健身房和提供簡單飲品的迷你酒吧，還能在配有高級家具裝潢的休息室休息，屋頂提供烤肉的空間，能邀三五好友同樂。過去只有有錢人才能享受的生活方式，現在透過訂閱服務都能享受了。但沒見過有花一百萬韓元去利用這些服務的人。

「那這樣和租屋有差別嗎？」這句話說的沒錯，共享居住服務和租屋是一樣的概念，不過租房子很難只租一個月就馬上退租，這正是兩者的差別。如果說月租是以月為單位「租借」房子，那麼串流就是付錢「使用」空間。租借與使用是兩種截然不同的概念。前者是租借期間，該房子歸我所有，個人必須承擔使用房子的責任；後者是如入住飯店一樣使用空間，如果厭倦了再改住別的空間。

這是個萬物串流的世代。brushlee 是牙刷訂閱服務，考慮牙刷使用壽命，算好時間自動配送。Purple Dog 會替不懂紅酒的訂閱者挑選紅酒直送到府。另外，還能在線上訂閱衛生棉或保健食品。許多新創事業以「比起擁有，更重視體驗」的顧客心理為目標，施展致勝招數。能搞定顧客「擁有」的消費心理簡單，但要虜獲顧客尋求「體驗」的消費心理則需要時間。隨著工作與生活平衡的概念興起，企業開始實施每週五十二小時工時制，能豐富下班後生活的服務也隨之增加。

CLASS101 是一個共享才華的平台，用戶能透過影片學習作曲、烹飪與創業等多種領域，或是當成興趣一樣聽看看課程內容，如果覺得不合胃口，就改聽別的課程。在展現藝人日常生活的電視節目中，常出現的特別體驗活動多半是「一日課程」，請想成是進行一天的特別體驗就行。二〇一九年四月，CLASS101 從軟銀風

---

102 **CLASS101、FAST CAMPUS**：兩者都是線上課程平台。

103 **《二〇二〇韓國趨勢》**：《트렌드 코리아 2020》，ISBN：9788959896127，Miraebook 出版。

險投資等多家企業獲得一百二十億韓元（折合新臺幣約二億八千萬元）的投資，代表成長性受到投資市場認可，類似的情況還有Taling與Soongo平台[104]。

興趣，連汽車都訂閱

「補習班那種定期授課的形式，會帶給學員沉重的經濟壓力，但一日課程則否，學員付出較少的學費就能讓日常變得豐富多彩。每次上課都能遇見新的人，我很開心。」（〈今天是畫家，明天是花藝師……去上一日課程的人〉，文又林（音譯）、李娜拉（音譯），《朝鮮日報》，二〇二〇年二月十六日）

＊＊＊

如果說CLASS101平台上的課程是以興趣愛好或有心兼職的輕鬆內容為主，那麼FAST CAMPUS則以專業的實務內容為主，會透過數據科學等課程，進行專家等級的教學，和以成年人為對象的補習班差不多，也設有能力檢定的評量機制。儘管只是民間的能力證照，但獲得不少大企業認同。每個人都渴望進步，企圖提升競爭力的求職者和希望保持工作初衷的上班族都會去聽課。為提升實務經驗，就業諮詢人員也會推薦找工作的人去聽。

無比便利的訂閱經濟，人們只需點一次滑鼠就能借到汽車，專家推薦產品直接配送到府。許多專家認為八年級生重視體驗才喜歡訂閱經濟。不過，實際上並非如此。假如不是打算一輩子放棄置產與購車的念頭，八年級生並不打算依靠訂閱經濟生活，他們嘴上說是 **YOLO** 族[105]，展現出玩世不恭的模樣，但在背後尋思如何解決人生經濟問題。金錢是八年級生常碰到的日常問題。

專家認為八年級生喜歡穿梭在潮流城市，用串流與訂閱取代置產，需要什麼的時候，到時候再借。前文舉例提到的 **LIFE on 2GATHER** 的租借價格是介於每個月

104 Taling、Soomgo：兩者與 CLASS101 一樣，都是線上課程平台。
105 YOLO族：You Only Live Once 的縮寫，指的是把握時間及時行樂的人。

一百萬到一百五十萬韓元之間（折合新臺幣為二萬四千元到三萬六千元）。無聊的時候訂閱 Netflix，有需要的時候訂閱汽車，這些訂閱費將會花掉大半薪水。實際上，八年級生對這種生活無感，若想要像是在飯店度假般的空間久一點，就付錢享受潮一點的居住空間，就像需要車時就付錢租車。

「我們不是喜歡共享。我們是有著強烈個人喜好的世代，不喜歡和人起衝突。我們是因為沒錢才共享，生活環境逼得我們得去共享。」

這是《IT朝鮮》以職場實習生為對象進行的採訪內容。據採訪內容，朴某聽到「八年級生比起『擁有』，更喜歡『體驗』」的論點時，覺得格格不入。實際上，當他看見住在共享公寓的朋友時，會發現和新聞說的完全不同。從遠處看，就是一個人住一間房，雖然共享公寓的宗旨是分享廚房與客廳，但實際上房客幾乎不相往來，各自關上門待在自己的房間。之所以會住在共享公寓是因為租金便宜，因此願意承受不便，實情是不喜歡和陌生人待在一起。

除了已婚人士之外，大部分租屋族都是自己住一間套房，大一點的房子頂多只是兩個房間。八年級生邊支付套房的月租費，邊存錢，希望儘快搬到傳貰房[106]。哪怕是傳貰貸款，貸款利息也比現在付的每月房租低。簡言之，八年級生和上一代的生活沒什麼不一樣，沒想過把賺來的錢全花在串流，而是和上一代一樣存著錢支付房租，懷抱著買車置產的夢想。

106 **傳貰房**：為韓國獨有的租屋制度，主要分成月貰（월세）和傳貰（전세）。前者類似我國的月租，得支付押金與每月房租；後者是支付高額押金，居住期間不需付房租。

男女已經是平等的

性別對立矛盾的真相

與論調查專業公司 REALMETER 實施的「二〇一八年共同體恢復相關輿論調查」中，56.5％的二十多歲年輕人認為韓國社會最大的對立就是「性別對立」。儘管也有人認為存在著世代對立與區域對立，但八年級生對性別對立的感受最深。脫下束身衣運動（Corset-free movement）的發起、男性化妝品市場正在增長，總而言之，男女性別界線正在崩解。具有高度性別平等意識的八年級生，在分擔家務、女性配額制[107]等各種方面，與上一代的立場存在差異。

人類的性別二分為男與女，是以沒人能對男女對立置身事外。男女對立越是激烈，同性之間越想溝通交流。各自在網路上創立了屬於同性之間的社群，男性用戶多的網站稱為「男超」[108]，女性用戶多的網站稱為「女超」[109]。男超網站有 DC Inside 和綜合格鬥社團，女超網站則有 nate 版[110]和芒果社團等等，社群發揮了同性之間互吐苦水的功能。

儘管不是全部都這樣，不過男超網站的特性之一是具有開放性；反之，女超網站的特性之一則是封閉。部分女超網站得通過性別認證程序，證明自己是女性才能加入。偏重於女性的網站不歡迎異性加入，原因是考量到女性用戶如果想到有男性在看自己的文章，將難以吐露真實心聲。男超網站雖然較開放，但同樣不歡迎女性

107 **女性配額制**：指某些組織認為女性名額應維持在一定比例。
108 **男超**：남초，指男性用戶比例超過女性用戶比例的簡稱。
109 **女超**：여초，指女性用戶比例超過男性用戶比例的簡稱。
110 **DC Inside 和 nate 版**：兩者都是類似 Dcard 的社群版塊。

加入。

同性之間湊在一塊有正面效果，也有負面效果。隨著貶損異性的文章發言變得激烈，出現了一些極端網站。ilbe Storehouse 網站（又稱 ilbe）與 WOMAD 論壇網站等，即屬仇男網站。在韓國，這些網站是製造異性厭惡文化的主幹，在新聞中看見的貶抑表達大多引用自這種極端網站。八年級生拒絕不具邏輯的仇男厭女意見，但會接受言之有理的發言。

女性率先對這種現象提出異議，並發起行動。「脫下束身衣運動」是拒絕社會以性別刻板印象束縛女性，她們藉由不化妝、穿襯衫配褲子、剪短髮等方式表達訴求。根據大學明日研究機構的調查結果顯示，48.7％的八年級生，想擺脫社會對外貌與身材的視線與評價，之後發展成「身體自愛運動」（Body Positive Movement）。這種思維立即反應在時尚業，根據韓國G9網路商城表示，二〇一九年無鋼圈內衣的銷售量提升20％，同時，豐胸內衣銷售量減少32％。

正如女人拒絕刻板女性形象，男人也拒絕刻板男性形象。根據大學明日研究機構以五百名二十多歲男性為對象進行的調查結果顯示，回答「對男性化妝或打扮持肯定態度」的人有46.4％，另有31.6％的人表明是「Grooming族」。Grooming族是指願意投入時間與金錢在時尚與美容護膚的男性。二〇一七年，男性顧客的消費額占了樂天百貨化妝品銷售額的22.5％，與二〇一二年的14％相比，增加了8.5％。購物趨勢正變得不再有男女之分。

助長分裂的上一代

八年級生被捲入上一代的男女對立。八年級生的男性嘲弄第一代女性運動家，這是因為認為她們只提出不切實際的主張，沒有合理根據能支撐其論點；八年級生的女性害怕重蹈上一代的覆轍，認為要同心協力追求權利。然而，給予力量的並不是女權主義者，女權主義變調了。單從八年級生來看，他們之間的男女對立矛盾並不嚴重。八年級生深感厭惡文化是錯誤的，我們可以簡單地找出一些數據佐證八年級生的性別平等意識。

「現實中，很少有人會像網上那樣子厭惡異性。那些人好像也知道厭惡異性是有問題的，所以躲起來了。知人知面不知心，如果不是非常信賴的關係，我們就會迴避和厭惡相關的話題。」（〈Z世代口中的Z世代——學弟妹也能直呼學長姐名字的對等關係；結婚、生育是『選擇』……我的人生最珍貴〉，魯勝昱（音譯）、楊幼靜（音譯），《每日經濟》，二〇一九年六月十四日）

八年級生在有男有女的場合，不會提及男女對立矛盾的相關話題，頂多是要好的同性聚在一起時會聊一下。這從性別平等意識相關統計數據中能明顯看出。在七年級生是二十多歲的時候，統計廳進行過一項調查，針對「男女應該公平分擔家務」的問題，44％的男性與63.1％的女性回答「是的」。十年後，統計廳對八年級生進行相同提問，80％的男性與83％的女性回答「應該公平分擔」。由此可見，八年級生對性別沒有刻板角色觀念。

女性配額制是聊到「男女對立矛盾」總是伴隨而來的主題，八年級生對此主題的認知也不同。韓國調查與論分析專門委員鄭翰蔚（音譯）與國會立法調查官李正鎮（音譯），調查了七年級生和八年級生對女性配額制的看法。二〇〇二年，當時二十多歲的男性中有62％贊成女性配額制；到了二〇一八年，有68％的男性回答「這是對男性的逆向歧視（Reverse discrimination）」[111]。在女性部分，二〇〇二年，當時二十多歲的女性中有85%贊成女性配額制；到了二〇一八年，有40%的女性回答「這是對男性的逆向歧視」，體現出八年級生不會自私地只想著自己，而是追求公正的模樣。

上一代的思維經過幾十年的發展，仍是原地踏步。掌握輿論媒體的世代煽動分裂，八年級生認為許多輿論內容脫離現實情況。二〇一八年，柳時敏[112]作家表示：「從某種層面來看，能理解二十多歲的男性為何生氣。男性想看足球，但女性不看足球；男性要玩英雄聯盟，但女人不玩英雄聯盟，只讀書。方方面面，男性都處於不利處境。」柳時敏的發言遭到了反駁，這是錯誤的刻板觀念，以為感性是女性專屬的。

鋪天蓋地的輿論與媒體報導，導致男女對立矛盾日益嚴重，然而，八年級生已

---

111 **逆向歧視**：指保障特定群體受到公平待遇的過程中，先前的優勢群體因此受到新的歧視。

112 **柳時敏**：韓國知名學運人士、政治人物、大學教授暨作家。

經養成性別平權意識。男性認為自己理應分擔家務，而女性則拒絕女性配額制。是上一代的人沒有跟上八年級生的性別平權意識。

不要強迫我，我會自己判斷

相較媒體，我更相信我的資訊掌握能力

政治勢力屬於利益群體，比起考慮整體社會利益，政客第一個想到的是「結果會如何影響到自己」。八年級生也一樣，根據該項政策會對自己產生什麼樣的影響，從而贊成或反對。八年級生格外注意「試圖掌控個體動向」的政策，例如八年級生以《反恐法》[113]有可能侵害個資而加以反對。國家情報院因諸多爭議，未能贏得八年級生的信任。八年級生只想要真相，因為八年級生能自己下判斷。八年級生會透過直播親自判斷情況，再利用社群網站分享意見。

八年級生從小被教育著要守護民主主義，學校教導八年級生現在享受的自由不是平白得來的。《大韓民國憲法》第一條「大韓民國是民主共和國」與第二條「大韓民國之主權屬於國民全體」，被視為理所當然。但八年級生長大成人後，醒悟到一切並不如過去所想，控制局勢的例外手段要多少有多少。法律有多種解釋之可能，是以法律因人而異。八年級生要求按自己在學校學到的方式，保障自身自由。

二〇一六年，韓國在野黨發起反對《反恐法》冗長辯論（Filibuster）[114]。冗長辯論是議會少數議員動用所有合法手段，達到拖延議事表決的目的。韓國和有諸多反制手段的美國不同，韓國的冗長辯論主要是採用無限制演講。八年級生擔心個資暴露，反對《反恐法》法案。當時，國家情報院已經做出非法竊聽與輿論造假等多種犯罪行徑，是以八年級生反對該法案——讓不可靠的政府機關任意查看自己的隱私。根據韓國蓋洛普的調查結果，當時72%的二十多歲人和77%的三十多歲人反對該法案，相比之下，六十多歲的人只有18%反對。

八年級生拒絕媒體加以過濾的訊息，他們會自行透過 AfreecaTV 等管道，取得未經加工的資訊。FACT TV 的實況轉播，觀眾累積人數超過五百一十萬名。八年級生展現出新的政治參與姿態，正符合了熟悉數位科技的世代形象。根據直播獲得新聞媒體刻意未提的資訊，誰在胡攪強辯，誰有說服力，一目了然。新聞以強權陣營和政黨的相關報導為主，人民開始親自判斷哪些政客說話顛三倒四，純屬炒話題。八年級生看了沒被剪輯過的資料後，會自己下判斷。

八年級生不是以大義的名義反對《反恐法》，而是出自「很可能會有損於我」的擔憂而反對。國情院針對老百姓實施的不合理監察，造成不安。八年級生反對南北韓統一亦同理，根據大學明日研究機構的「對於與北韓統一的不同世代認知差異研究」指出，對統一的看法最負面的是一九八一年到一九九五年出生的人，也就是千禧世代，他們反對統一的原因是稅金負擔。隨著有了發聲管道，八年級生本能地知道採取何種行動對自己最為有利。

113 **反恐法：**全名為《為了保護國民與公共安全的防止恐怖主義犯罪法》（국민보호와 공공안전을 위한 테러방지법），簡稱反恐法（테러방지법）。

114 **冗長辯論：**又稱無限制演講，我國另譯「費力把事拖」。

政治也Online

除了上述特性，八年級生也展現出反對被限制的特性。晚上十點以後制止青少年繼續打遊戲的關機制[115]。二〇一九年，韓國正未來黨委託輿論調查機關Monoresearch 實施調查，結果顯示52.3％的二十多歲人反對關機制。在所有年齡層中，二十多歲是唯一反對關機制的年齡層。如果上一代認為八年級生反對的理由是喜歡打遊戲，那就大錯特錯。每一個政策都有優缺點，八年級生反對關機制的最大理由是個人受到限制。

八年級生不是無條件反對控制，而是保障個人自由應處於不傷害他人的前提下。無論是《反恐法》或關機制，這些法案限制的行為並不會傷害到他人。但若是顧及大義不得不得欣然同意。政府為了防止 COVID-19 持續擴散，已限制了國民部分自由。在現有社交距離二點五階段措施下，人們不能在連鎖咖啡廳用餐，餐廳晚上九點以後只能外帶或外送，不戴口罩就不能搭乘大眾交通工具。即使是如此強硬的控制手段，八年級生也不會強烈反彈。

過去大眾認為八年級生不關心政治，而二十多歲的人的低投票率也被外界解讀為「現在的孩子對政治沒興趣」。實際上，過去八年級生的政治關心度的確很低，不過看到政府對世越號事件與中東呼吸症候群冠狀病毒感染症（MERS-CoV）[116]的應對方式後，深感政治參與之必要性。八年級生是熟悉社群網路的世代，利用符合世代形象的方式，上網交換政治意見。在世越號事件發生後不久的二〇一四年地方選舉中，二十多歲人的投票率急遽上升。對以社交網站串連的八年級生而言，投票鼓勵運動[117]發揮很大的影響力。

要即時得知八年級生在線上秘密交換的意見實屬不易，通常得等到社會出現明顯兆頭才會知道。與韓國八年級生相似的美國Z世代掀起網路反川普浪潮，川普在

---

115 **關機制：**韓國於二〇一一年推動關機制，要求網路遊戲服務平台凌晨零時到上午六時停止對未滿十六歲的青少年提供服務，又被稱為「灰姑娘法」。二〇二一年，韓國擬定修訂案，欲廢除實行十年的關機制。

116 **中東呼吸症候群冠狀病毒感染症（MERS-CoV）：**二〇一五年五月，韓國出現首例確診，韓國政府隱瞞疫情，以致病毒擴散。

117 **投票鼓勵運動：**指在社群網站上發文，或投票後分享照片，鼓勵朋友們踴躍投票。

俄克拉荷馬州土爾沙市的銀行中心舉辦總統競選造勢活動，現場有三分之二的位置是空的。該造勢活動事先販售網路預留票，人們推動了集體訂票但不出席的「No Show」秘密計畫。對此一無所知的川普陣營大肆宣稱這一場活動已有百萬人報名參加，但實際到場人數不過才六千二百人。

這場以美國 TikTok 為中心進行的 No Show 挑戰，韓國也有扮演一角。在點擊率達到二十五萬次的影片中，韓流（K-pop）粉絲被指名為 No Show 挑戰的參加者。許多韓流粉絲共襄盛舉，最終計畫成功。美國有線電視新聞網（CNN）報導稱，川普造勢活動失敗的原因之一是韓流粉絲。數位世代的政治可以跨越太平洋，影響美國。對八年級生而言，參與政治不代表非得舉著蠟燭上街，日常或網路上的小表現也是一種政治行為。

以經歷過戰爭的世代看來，八年級生的政治參與太輕佻、草率，但其實八年級生反而認為把政治視為慎重且沉重的議題是一種偏見。集結眾人之意的行為就是政治，因此八年級生能輕鬆地表達政治意見。據大學明日研究機構調查數據指出，92.3%的八年級生在過去六個月內表達過自己的意見，60.4%的人回答「社會因為我的關心與參與，有了積極變化」。社群網路的「按讚」是展示自己的意見，改變社會動向的行為。

第三章

八年級生的工作哲學

堅持準時下班，自有理由

我們為什麼要為公司工作？

八年級生拒絕垂直職場關係的不合理待遇，韓國社會也正藉由《職場內禁止欺凌法》等各種方式，導正錯誤文化。如今不再是用「愛之深，責之切」合理化訓斥行徑的時代，過去被認為理所當然的管教方式，現在會被視為虐待兒童。對八年級生來說，職員與公司只是勞雇關係，當公司想用合約上沒有載明的事項限制八年級生時，八年級生自然會抵抗。今時今日，無論是公司管理高層或普通職員，大家接觸到的資訊量相差無幾，所以上級職權不如以往大。

二〇一九年七月十六日，韓國正式實施《職場內禁止欺凌法》，禁止任何人利用地位或關係優勢，超出業務的適當範圍，造成其他人身體或心靈的痛苦。例如職場「甲方」[118]進行言語暴力或性騷擾行徑，將受法律制裁。政府積極與民眾形成共識，改善不合理行為，改正強迫喝酒、週末指派工作等各種韓國職場弊端。由於新法上路不久，尚有不少問題，加上人際關係很難用白紙黑字寫清楚，是以實情相當混亂。

《職場內禁止欺凌法》不是世代立場差異問題，也不是彼此互相體諒的問題。職場霸凌從一開始就是錯誤的，哪怕是在過去，也不是可以被輕怠的問題。以前大家都知道這是亟待解決的錯誤職場文化，只是受到社會氛圍壓制，未曾解決罷了。受到職場霸凌的人因為身邊的人告誡「去哪家公司都差不多」「忍一忍吧」，於是更難鼓起勇氣挺身說出自己的遭遇。要是有人對你說：「在以前，這種程度的行為

118 **甲方**：指稱職場地位或職權較高的一方。甲方濫用權勢，剝削或壓榨乙方的行徑又稱「甲方行徑」（갑질）。

還算可以的。」那麼，那個人很可能曾受過相同的傷害。人類的取向不會因為時期不同而有太大的差異，所以如果以為「這一代人討厭的事，上一代人並不討厭」，這種想法本身是矛盾的。

教育心理學家伯爾赫斯・史金納（Burrhus Skinner）博士指出，父母體罰孩子有80%的理由出於「披著管教外皮的情緒發洩」。許多研究結果顯示，體罰非但無效，甚至會妨害孩子身心健全發育。經多位專家主張，「打是情，罵是愛」如今已成虐待兒童。八年級生在沒有體罰的環境中成長，對他們來說，職場的言語暴力令人困惑。他們活在把互相尊重視為理所當然的社會，很難一下子就接受垂直管理。

八年級生沒有效忠組織的想法，公司與我只是各取所需的合約關係。如果公司要求我提供超高超的技術，公司就得提供相符的報酬。徵才內容寫著需要精通Excel、AutoCAD、Photoshop 的人才，時薪卻按最低時薪計算，這種公司在社群網站上變成八年級生的取笑對象。八年級生會抽空自我進修，目的不是為了把公司業務做得更好，而是想提高身價。如果現在任職的公司不認可八年級生的努力，八年級生就會跳槽。

網路的發展是平等文化立足的根基。這是一個透過網路就能輕鬆取得資訊的時代，不再像過去一樣，只有爬到高位才能綜觀公司全局。實際上，職員與公司高層的資訊差距已經消失，因為網路上能找到大量公開資訊；就算升職，現在的上級能得到的資訊品質也沒比過去好。換言之，高層的實權已受到削弱。

準時下班是合約保障的權利

準時下班是八年級生最重視的事。老實說，「準時下班」一詞，莫名有種「我理所當然的應享權利，卻被公司當成法外施恩」的感覺，所以最近八年級生不大使用這個詞。每天不停加班，使得八年級生無法利用下班後的時間，不能和朋友約見面，也不能去補習班自我進修，結果下班後的時間變成了被拋棄的時間，因為在無法確定的狀態下，任何行程都不能安排。八年級生認為上班是用自己的時間換取金錢，所以他們謝絕因為不明確的事務而加班，簡直是浪費時間。

「五點一到，大家當然會想下班吧？過了五點卻突然說要開會，超瞎！如果時間有限必須趕著開會，那就應該馬上進入正題，我搞不懂為什麼在閒聊。」

光是開無意義的會議就夠讓人煩躁，居然還選在快下班的時間。雖然大部分的職場文化已有所改善，但不下班是美德的陋習仍舊存在。上級要求員工提早幾分鐘到公司準備上班，這也是一種強迫加班。如果你曾接觸過上述這種職場文化，就能理解為什麼有些人一心只想進公家機關，捧公務員飯碗。八年級生不樂意加班，至於不必要的加班更是再合理不過的辭職理由。

＊＊＊

六年級生的管理層C某因為有急務，打電話給已經下班的D某，結果D某怨聲載道說：「我已經下班了，這代表已經結束今天的工作。」D某說的沒錯，到頭來，那天的急事只能由管理層C某獨自處理。（〈『到底為什麼要加班？』你懂八年級生嗎？〉，韓勝昆，《亞洲經濟》，二〇一九年八月九日）

＊＊＊

實際上，很少人會對獨自加班的職場前輩說出那種話，但我能理解D某為什麼那樣說。例如和前輩關係不好、對公司心懷不滿的時候，是有可能做出這種舉動的。八年級生通常會諒解下班後的緊急工作聯絡，但如果頻率過高，確實會忍不住說出那種話。

八年級生不只要求「準時下班」。大部分八年級生都有責任感，會完成自己的分內事，很少有人對加班強烈反彈，若事先有約卻臨時得加班，頂多會感到煩躁罷了。根據《勞動法》規定，公司要求職員加班時應給予額外津貼。公司只要依法給出一・五倍的加班津貼，就算是週末，八年級生也會歡天喜地地出門加班。然而，公司想要的加班不是這種，而是希望職員「無償」加班，理由是工作只需要三十分鐘到一小時就能收尾。八年級生不是拒絕加班，而是拒絕提供免費服務，然而公司卻搞錯狀況，以為八年級生只重視下班。

其他的已開發國家也會加班。在已開發國家，加班能得到相符的補償，所以沒有引發爭議。我曾和來自美國的合作對象開會，那天不巧會議時間延長，一到晚上六點，對方就致電總公司獲得加班的口頭批准；如果對方沒收到總公司的批准，就算工作還沒結束，他也會直接下班。八年級生在工作還沒完成時照常下班的理由也一樣，八年級生知道如果自己告訴上司說：「要我晚一小時下班，把工作收尾，那麼明天我會晚一小時，也就是十點三十分才上班。」明擺了會被上司拒絕，所以他們才會問都不問就直接下班。

有些公司從一開始就以加班為目的，故意壓低職員基本薪資，使員工做滿每週五十二小時工時。雖然八年級生不算特別聰明，卻也不是傻瓜，起碼還是看得出上一代的心思。不管是壓低基本薪資，變相加班的旁門左道，或是嘴上說提供伙食費，實際上是扣掉工資的花招，八年級生都察覺得出來。追求利潤是企業經營的目的，同理，八年級生上班的目的是為了賺錢。

八年級生在平等文化下長大，對不尊重人權的文化感到彆扭。八年級生和公司的關係僅止於勞雇關係，八年級生更重視的是合約內容，如果雙方不遵守合約事項就沒有理由繼續合作。所以，上一代遵守八年級生的下班時間是天經地義，如果有額外的工作，就得支付加班津貼。掩耳盜鈴是行不通的。

用斜槓代替升職

八年級生討厭加班的原因和上一代大致相同，因為扣掉上班及通勤時間，剩下的個人時間寥寥可數。加班或不加班的差異，取決於個人和公司的地位有多平等。

法定基本薪資急遽調漲，如今基本薪資和普通中小企業的薪資差距正在縮小。在缺乏競爭力的中堅企業裡，職員薪資和基本薪資根本沒差，這句話的意思是，在中堅企業上班的八年級生不管跳槽到哪裡，都能維持和現在差不多的生活品質，所以最糟的情況頂多是重新找工作。高年薪的大企業在職者也一樣，只有韓國國內無可取代的三星電子、現代汽車與公營事業才能被例外視之。八年級生就算辭職，也有信心找到跟現在待遇差不多的公司，所以他們若覺得現在的公司不適合自己，就很容易離職。

相反地，上一代不會這樣。上一代受到過去累積的經驗、職位和職業選擇影響，當他們適應於公司指派的工作後，總能完美達成這些熟悉的任務，但他們害怕接觸新的工作內容，也畏懼跳槽換新工作。能給予他們理想年薪的公司也不多。就是因為上一代覺得自己得待在現在的公司才能生存下去，導致他們只能被公司拖著走。

在公司看不見未來的八年級生會選擇斜槓。很少有八年級生會說要當高階主管，但有很多人說要當斜槓青年。一邊拿著穩定的薪水，一邊經營副業，想像哪天副業順利就可以離職。

八年級生的情緒勞動

電話一定是新人接？

公司是每位員工克盡己職的地方，在公司待久了、累積足夠資歷，就會升上組長或部長等管理職。八年級生目前還是職場新人，大多是普通職員，如果工作績效不錯，可能已經成為代理[119]。通常會與客戶直接打交道的職員，都是公司底層。雖說比起階級，依照負責業務的不同，和客戶交流的程度也會不一樣，像是會計部職

119 **代理**：韓國職場職等，近似我國企業的主任。

員和客戶的接觸次數會低於營業部次長[120]。不過一般而言，職等越低，和客戶接觸的機會就越大，尤其是在沒有另設客服中心的五百到一百人規模的企業中，更是如此。

在公司裡，撥打到自己分機的電話當然是由自己接聽，但假如有人離開座位，那個人的電話應該由誰來接？多數公司會由低職等職員負責接聽。接電話事小，說一句「您現在要找的人不在位置上，需要留言給他嗎？」就行了。比起重要的業務，負責瑣碎事務時接觸到客戶的可能性更大。

「如果是和我的業務密切相關的同事的分機響起，我當然會接電話。但和我業務無關的同事的分機響起，應該由低職等的人接才對吧，他為什麼不接？要我先提出這件事也有點尷尬，我該怎麼辦？」

這是根據某網路社群的實際發文稍加改編後的內容。大家如果去看韓國烏山大學的校方部落格，會看見他們介紹了辦公室接電話禮儀，像是接起電話先自我介紹；新進員工必須負責接電話，而且接電話時要依序報出公司名、部門名和自己的名字。

在升上管理職之後，比起其他職位，管理職會被賦予目標。即使是需要和客戶交流的經營管理職，負責的業務範圍也會縮減，得把精力放在底下職員無法處理或真正重要的客戶身上，至於平日則忙著處理向上司匯報的文件。公司上司習慣從下屬的匯報內容取得大多數客戶的相關資訊，隨著職務範圍被制度化，了解新客戶需求的時間也變長了。

業務調節和情緒調節的關聯性

為了避免造成客戶的不快，上一代必須控制好八年級生的情緒。雖說專業人士不能因情緒影響工作，但情緒一上來、控制不了的人，不只有八年級生，上一代也是一樣。連職場老鳥都覺得職場生活難捱，那麼，要求職場菜鳥不感到疲憊是不合理的期待。在成為專業人士之前，大家都是人，當然會受情緒左右。如果接聽電話

120 **次長**：韓國職場職等，近似我國企業的副部長。

時，把不好的情緒傳達給客戶，將對公司造成影響。

八年級生上班時承受到的壓力來源有二：工作壓力和人的壓力。因過勞工作導致的壓力也會傳給客戶，例如明明眼前有一堆待辦業務，要是電話還一直響，八年級生手邊的工作就會不斷被打斷，如此一來，八年級生可能會說出讓客戶不快的話語，像是說出「這件事不管您問誰，都是不行的」就掛客戶電話；不然就是請客戶直接撥給那件事的負責人，然後回頭繼續忙手上的事。八年級生有空的話還是會親切地應對客戶，可是沒空的時候，就會脫口說出不親切的言語。

要減輕八年級生的工作壓力不容易，每項工作都有負責的人，很難換人接手。說到底，上一代要盡量減少職場中的人的壓力。人和人之間免不了發生摩擦，為了最小化摩擦，雙方得互相尊重才行。不要口出惡言，不要說出每個人聽到都會不愉快的話，也不要講出可能有人不愛聽的話，而是應該掌握好同事的個性和喜好。

慣於平等思維

靠團隊合作拿學分的世代

大多數公司認為由上司負責下命令，下屬按命令辦事的垂直管理是最有效的工作方式，但八年級生不這麼想，八年級生覺得平等的工作方式能產生更好的協同效果。八年級生會創造並喜愛 Pengsoo[121]，是因為 Pengsoo 追求平等思維。谷歌

121 Pengsoo：韓國的企鵝卡通角色名，是韓國EBS教育頻道創造的人物，Pengsoo 反傳統的行徑深受韓國年輕人喜愛。

（Google）採取水平工作模式，並獲得出色成果，八年級生也渴望自己的公司向谷歌看齊，大企業和新創事業順應社會認知變化，導入了水平式稱謂。

上一代之所以偏好垂直管理，是因為過去他們依靠這種方式取得成功，讓韓國擺脫開發中國家的身分，躋身二十國集團（G20）的已開發國家之列，展現數一數二的快速成長速度。因為有過一次成功經驗，上一代才執著於先前的成功模式。遵循過往的成功模式是人之常情，整體社會文化不可能頃刻發生變化，而且儘管扁平化組織已成社會趨勢，但仍有些產業更適合垂直式架構。

八年級生偏好平等的團隊工作方式，也是因為過往曾賴這種方式經歷成功，即使有些八年級生曾經遇過破壞團隊合作的人，因而排斥平等的團隊工作方式，但沒人會反對團結力量大。八年級生透過大家水平交流後創造出的成果品質，感受到團隊合作的威力。八年級生偏好平等的團隊工作方式的另一個原因是，公司是收錢辦事的地方，很難有人搭便車。在八年級生看來，只要沒有企圖搭便車的人，平等思維就能成功。

八年級生的團隊合作，有每個人該盡的「角色」，但沒有「責任」，人人都能抒發己見。當八年級生還是學生的時候，碰到自己不懂的事，他們不會害怕發問，因為學習的前提本就基於不懂。但到了公司情況變得不同，公司會把每件事都加上責任，要是八年級生在公司提出意見，身邊的人的工作就會增加。上級隨口冒出的「你來負責執行吧」，也會增加八年級生的工作量。

谷歌是靠落實扁平式組織文化而獲得成功的代表性企業。谷歌為了了解哪一個團隊能成功，推動「亞里斯多德專案」（Project Aristotle），結果以水平、民主方式處理業務的團隊獲得最佳成果。組員們無壓力地表達自己的意見，認為自己擔任重要角色，工作不單是為了團隊，更是為了自己。可信任的組員與組員協力合作，制定明確的計畫並推動時，才能獲得成功。

有些人對扁平式組織文化存有誤解。扁平式組織文化不是碰到意見分歧就採用少數服從多數的方式決策，扁平式組織文化的最終決定權仍在負責人手上。扁平式組織谷歌也是如此，縱使員工們表達意見的方式變成了水平，但責任仍是垂直的。在扁平式組織文化下需要細膩的領導力，主管要讓組員們覺得自己的意見受到尊重，也要讓組員們接受自己的決定。

平等思維孕育的 Pengsoo

在韓國教育電視台ＥＢＳ節目中登場的卡通角色「Pengsoo」是平等思維的成功事例。Pengsoo 的製作人才三十多歲，製作團隊多為二、三十歲的年輕一代，而且男女比例相近，具備促使平等思維成功的環境。全新的挑戰，成功挽救了虧損累累、發生財務危機的ＥＢＳ。不能因為一次的成功就沿用相同方法，期許後續可以一直靠同樣方法成長。在需要革新之際，ＥＢＳ電視台藉助二十歲到三十歲族群的平等思維，走出了二〇一九年的二百億韓元赤字，二〇二〇年轉虧為盈。

在此，我先介紹 Pengsoo 究竟是何方神聖。Pengsoo 是為了成為內容創作者，從南極千里迢迢來到韓國的一隻企鵝。牠看見了波露露[122]的成功之後，認為韓國是能讓企鵝成功的國家。於是，Pengsoo 搭飛機到瑞士後，再從瑞士游到韓國仁川前海。Pengsoo 在瑞士停留期間，牠學會了約德爾唱法（Yodeling）[123]。Pengsoo 因為身高有二百一十公分，在南極遭到排擠。Pengsoo 的年齡是十歲，無性別。因為是隻企鵝，所以很多人類的標準都無法適用於牠。

Pengsoo的主要受眾群原本是兒童。雖然小朋友也很喜歡Pengsoo，但最愛Pengsoo的是八年級生。在平等環境下成長的八年級生，卻不得不適應垂直職場文化時的鬱悶，全靠Pengsoo得到釋放。Pengsoo就算遇到自己地位較低、需要忍氣吞聲的情況時，還是會理直氣壯地說話，並且把老闆當成朋友看待。Pengsoo時常提到EBS電視台社長金明中，牠說：「只有社長像我的朋友一樣，公司才能一帆風順。」Pengsoo提到金明中社長名字的頻率之高，連觀眾都對金明中產生了親近感。Pengsoo不管走到哪裡都會充滿野心地找這個地盤的「大咖」，但不會因為對方是大咖就給予差別待遇。

Pengsoo的平等思維在甲方行徑前更加閃耀。牠去EBS電視台面試，面試官表示會再通知面試結果，結果Pengsoo直接打斷面試官說：「直接在這裡說吧！這

122 **波露露：**韓國卡通動畫《淘氣小企鵝》主角名，深受兒童喜愛，暱稱為「波露露總統」或「兒童總統」。波露露和Pengsoo都是企鵝。

123 **約德爾唱法：**又稱約德爾調。是一種在胸聲與頭聲之間快速重複轉換的大跨度音階歌唱形式。

樣我才能決定要不要接著去ＳＢＳ電視台還是ＫＢＳ電視台面試。」Pengsoo 的坦率讓面試官倉皇失措。對於忙著求職的八年級生來說，面試前得先準備好得體的應對，像是「我來面試貴公司的理由不是為了錢，而是另有原因」，但他們同時覺得自己被公司壓迫，自尊心降低。這也就是八年級生會喜愛 Pengsoo 的主因——乙方不用處處委曲求全，他們對 Pengsoo 的「汽水發言」[124]感到新鮮，Pengsoo 曾發言：「原來我在看身邊的人的臉色，不要再看別人臉色，想做什麼就做什麼吧！看人臉色母湯喔。」，「看人臉色母湯喔」變成了流行語。

《Giant PengTV》YouTube 頻道裡有很多 Pengsoo 的影片，數量龐大，如果不是真正的粉絲基本上是看不完的。其中，八年級生喜歡找來看的影片大多是「汽水發言」。此外，在中秋節前播出的「杜絕嘮叨營」影片中，列出小朋友們最不想聽到的嘮叨話排名。不僅如此，Pengsoo 也會搭乘競選宣傳車穿梭大街小巷。在ＥＢＳ電視台屋頂，Dduk ddak 對著 Pengsoo 說：「我說這些都是為你好。」而 Pengsoo 回答：「我會自己看著辦，不要嘮叨。」由此可見，Pengsoo 有多渴望追求平等。

早在幾年前，扁平化組織思維已被導入企業，三星統一所有員工的稱呼為「專家」；ＳＫ電訊為了培養企業內自由討論風氣，要求所有員工之間使用尊稱「Nim」[125]；教育機構 eduwill 則統一稱呼為「經理」；更具創新精神的新創企業則用英文名字稱呼彼此，員工和企業代表平起平坐。組織扁平化是不可避免的現象，這已是社會共識，除了大企業實行之外，大部分的中小企業也採取相同的模式。

然而，不是單純地改變稱呼，就能產生扁平化組織思維。求職平台 saramin 在二〇一八年以韓國九百六十二家公司為對象實施調查，結果顯示在打破職稱稱謂制度的企業中，有88.3％的企業重新回到了垂直式架構。由此可見，盲從往往會導致失敗，光靠改變稱呼，無法解決企業整體傾向。在新制度的基礎上，每個員工的思維都需要轉變，開會與指示業務的方式也需要改革。如果單純追求表面工夫，很快就會打回原形。

124 **汽水發言**：形容一吐心中委屈或鬱悶，說出來後心情就像喝了汽水般暢快。

125 **Nim**：님，敬語詞尾，加在人稱之後，表示尊稱。

分清楚是補償還是剝削

未來的補償是今日的剝削

大家填寫求職履歷的求職目的欄時，洋洋灑灑的內容，彷彿自己不是為了錢，而是另有抱負，但實情是大家上班都是為了賺錢，才不會有人待在不支薪的公司上班。八年級生期待著短期內得到補償，而公司卻提議「先進來公司，日後升上主管就能領取更多年薪」，這是無意義的提議，八年級生要的是當下的補償。公司與個人是勞雇關係，公司支薪購買職員的時間，假如公司提出「主人翁意識」[126]，會被八年級生認為是在剝削。

有些文章會低估金錢的價值，八年級生看見那種文章都會感到疏離。在資本主義社會，哪有人不重視金錢的呢？根據韓國民調公司 Global Research 的研究結果顯示，在職場生活的上一代和八年級生認為「薪水」最重要，儘管差距不大，不過八年級生（38.3%）較上一代（37.8%）的比例略高。

八年級生學會了自己的權利要自己顧好，遭遇到不公正的待遇，八年級生會堂堂正正地要求改善；若權利受損，八年級生會找出自救籌碼。儘管俗語有云「寺廟討人厭，只能和尚求去」，但不是說走就能走，至少得等到公司補償我所承受的不當待遇後再走。八年級生前段班的人開始經歷第一次離職，一般而言，第三年、第五年和第十年，通常會有換工作的好機會。不過，假如公司內部每個中堅分子待個三、五年就離職，公司也會受到打擊。

許多公司認為職員加班半小時是應該的，早上八點半上班，晚上六點下班；有些公司則是早上九點上班，晚上六點半下班，也就是說，公司變相要求員工每天加

126 **主人翁意識：**讓員工把企業當成是自己的公司。

班三十分鐘。聽到上述這種例子，八年級生會感同身受，支持受到這種待遇的人離職，並建議他向公司提出正當待遇要求。在辭職的時候，八年級生員工向公司追討三十分鐘加班津貼的事，時有耳聞。八年級生會蒐證提交韓國僱傭勞動部，有些公司敵不過離職人員的支薪要求，只好遵守正常上下班制度。

「現在委屈點，未來能得到補償」，這對八年級生來說不具魅力。因為不管發生任何事，八年級生都不覺得自己要留在這家公司吃苦，也不會想像自己十年後還在這家公司工作的樣子，搞不好一年後就不在這裡了。因此，八年級生不會相信未來升職之後的優渥年資承諾，或是不明確的補償，而是偏好當下就能得到的明確補償。如果說，公司有公司的苦衷，可能無法立刻承諾補償，那麼公司至少得承諾一至二年內能給予補償，沒有什麼比錢更能使鬼推磨的了。

在二〇一〇年前後，所謂的「主人翁意識」風行一時，那時公司要求員工把公司看成自己的公司般全心奉獻。十年過去了，如果現在還提主人翁意識，不免顯得跟不上時代。韓國餐飲業經營專家白種元透過每個月一次的「白種元生意談」——白種元接受自營商家的提問，提供自己的經營秘訣——進行溝通交流，有人請教白種元：「有沒有辦法培養員工的主人翁意識？」白種元想都沒想直接回答：「沒有。」網友們對主人翁意識反感，相繼砲轟那名提問者。公司不是靠每位員工的主人翁意識經營的。

公司得不到全體員工的認同，就無法長遠。在二〇〇〇年代興起的「自我開發」，是公司和個人都深有共鳴的，公司的人才庫因為員工的「自我開發」而擴大，而員工因為自己的「自我開發」獲得更多補償。這也是為什麼二〇二〇年流行過的「upgra 人類」[127]，到現在換湯不換藥，仍然改個名稱存在與其類似意義的詞彙。

另外，主人翁意識存在結構性錯誤。員工無法出自主人翁意識自行更改公司日程，而且如果員工未經公司批准購買東西，會被公司究責。主人翁意識之所以失敗，是因為它的隱含意義是，基於對公司有利的情況下要求員工「犧牲」。

127 **upgra人類**：upgra是升級（upgrade）的縮稱，「upgra人類」指的是追求成長的自我開發型人類。

盡情享受應享的權利

八年級生認為公司該給的另一個補償，員工是否能享有應享的權利。一家公司是否按法規給予年休假天數，還有到了下班時間，能不能不看人臉色下班，非常重要。八年級生準時打卡下班，不是因為不懂得看人臉色，而是因為準時下班的重要性遠超過看人臉色。本來應該能夠自由使用的特別休假，卻被安排得明明白白——哪天能休、哪天不能休，對此，八年級生感到疑惑。八年級生認為公司至少要遵守法律保障的勞工權益。

特別休假的天數取決於工作年資，是以六年級生和七年級生的特別休假天數通常會比八年級生多。根據韓國《勞動基準法》第六十條規定，每增加兩年年資就增加一天特別休假。大多時候，上一代請休特別休假的天數往往少於八年級生，他們會看公司臉色，只在必要時才請假，例如有特殊家庭活動或要去醫院做重大檢查時。上一代認為特別休假的未休天數越多，對公司的貢獻就越大，就算用不完的特別休假無法被折抵成津貼，也就任憑消失。上一代看人臉色不請特別休假，但看到年輕一代用光特別休假就覺得不順眼。

八年級生連「夏季休假」[128]一詞都覺得很彆扭，心想「連休五天假有什麼了不起，花的不就是我的特別休假」。既然每年的特別休假天數都是定好的，想連休兩個星期，或是分散使用，不是應該自行決定嘛。原以為能自由使用特別休假，但上班的第一天，八年級生立刻覺得被騙了。儘管配合公司文化，把五天的特別休假挪到夏季休假集中使用。假是放了，但感覺並不好。休假是個人權利，花光也是很應該的。

「前輩為什麼不直接說，要拐彎抹角給我臉色看，暗示我早點上班。他不敢直接說出口，是因為自己也知道那是有問題的吧？希望公司能按規定行事。」

提早到班，為工作做準備的時間不算在工時內，這是違法之舉。有時是公司守法，反而是員工的個人行為助長這類風氣。八年級生對於補償和剝削敏感，如果公司或上一代希望八年級生提早十分鐘上班，就應該在合約上清楚載明一天工作時數

128 **夏季休假：**特殊休假制度。提供近一星期的避暑假期，概念類似日本的黃金週。

八小時十分鐘，按時計酬才對。

俗話說，能者多勞。工作效率高的八年級生處理好上司交辦工作，結果要負擔的工作竟源源不絕地增加。上一代願意接受，是因為認為這有助於日後升遷，但不對未來抱有夢想的八年級生覺得這不合理，如果要交辦更多的工作，那就應該立刻給出相對應的補償。假如因為能力出眾反而被指派更多工作，八年級生會認為不利於己，寧可假裝能力不足或裝忙，混到下班。

不要慰留八年級生

公司專案於我何益？

知道為什麼做這件事而自動自發進行，和被人指派而被動進行是截然不同的，不只是八年級生，人人都是如此。每個人會被激發動機的言語和行動各不相同，能夠激發八年級生動機的關鍵詞是「個人」與「社會」。八年級生聽見「這樣做都為了公司好」等諸如此類的發言，就會捂起耳朵不願繼續聽。沒有八年級生願意為團體犧牲，他們關心的是「個人成長」與「社會貢獻」，奉勸上一代應該以這兩點為基礎，激發八年級生的動機。

最簡單的動機終究是金錢。公司給出優渥薪資，八年級生就會自動自發地努力工作。最近就連極耗體力的快遞工作也因為酬勞高，變成搶破頭的職缺。八年級生清楚在資本主義社會裡，金錢不可或缺。很多人為金錢賭上性命，也有人願意為了賺到更多的錢做好部分犧牲的準備。換個立場來看，公司能投入的人事費用有限，也會希望獲得最佳報酬率。

八年級生如果覺得上級交辦的工作對自己的職涯有益，就會全力以赴。雖然八年級生嘴邊嚷嚷著：「我不愛公司。」但他們也不否認公司能使自己受惠良多。最重要的是，在離職的時候，八年級生能養成業務能力，這與去補習班不同，公司是個能賺錢、同時也能培養實力的地方，也是不用花自己的錢就能累積經驗的最佳場所。八年級生對公司內結黨營私不感興趣，卻很重視職場同事，畢竟職場同事是離職後也能交換情報的貴人。

上一代若想差遣八年級生，就得告訴八年級生此刻交辦的工作對個人職涯有何幫助。如果有重大專案，請強調「這是業界無人不曉的專案」，參與專案就相當於累績一項履歷。如果是其他公司也會知道的專案，更代表有助於將來的轉職。上一代要說清楚，現在做的事所帶來的好處不會只侷限在這家公司，讓八年級生想成是為了自己，而不是為了公司工作，自然能提高八年級生的工作效率。

八年級生的離職理由

在職場上有很多開發個人職涯的方法，即便參加的不是公司的大專案，沒有做出大成就，光是上班就能累積經驗。除了公營事業和公務員，每個八年級生基本上都會考慮跳槽，只不過在大企業上班的八年級生考慮跳槽的比例，會比在中小企業工作的八年級生來得低些。上一代直接告訴八年級生這項工作有助於跳槽也沒關係，說明現在負責的業務，不但在現在這家公司，就算是到別的公司一樣派得上用場。

經營顧問席尼・芬克斯坦（Sydney Finkelstein）在《無法測量的領導藝術》一書中，提到不要慰留有能力的員工。如果無法提供和員工具備的價值相對應的補償，員工離職是理所當然的，不必為能力出眾的員工離職而感到遺憾。就結果而言，即便公司現在做的事會助長員工的離職率，但還是專注於當下的利益較好，一旦員工覺得從公司能得到的東西多，就會待得長久。助長員工離職的行為，將會成為員工長久效力的理由。

上一代告訴八年級生「現在公司所做的事，在社會上扮演了什麼樣的角色」也不錯。要注意的是，並非告訴八年級生在公司裡扮演的角色，而是他們在社會裡扮演的角色，因為八年級生不在乎公司如何發展。「Kelly Service 全球勞動力指數（KGWI）」的數據顯示，51％的年輕上班族願意為了「更重要、更有意義的事」調低年薪或職位。八年級生雖不為公司犧牲，但很重視社會犧牲。

韓國作家林洪澤的《八年級生來了》一書中，指出八年級生把「為公司犧牲奉獻，最後會被棄若敝屣」這句話當成格言，是以他們忠於自己和自己的未來，而非忠於公司。上述這些分析說得沒錯，想讓八年級生誓死效忠公司，就得告訴他們對職涯有幫助的方法，或對解決社會問題有所貢獻的方法。不過最有效的還是揭示工作對個人問題的助益，畢竟每個人重視的社會問題不同，但每個人都有各自的問題。

告知具體答案吧

八年級生理解的方法

聽著遠距教學課程長大的八年級生能輕易獲得想要的資訊，並擅長過濾不必要的部分，只截取必要之處。因此，他們期待上一代能具體地傳達待辦事項。上一代傾向讓八年級生自己想辦法找答案，但對他們來說這等同是浪費時間。如果是無解的問題，八年級生也許能接受自己試著想辦法，但他們無法理解上一代拿訓練當名堂，不乾脆告知做這件工作的原因。總之，若要差遣八年級生，告知他們具體方法和正確答案是最有效的方式。

韓國中央大學心理學系教授文光秀（音譯）表示，根據反饋（Feedback）的性質將達到不同的效果。反饋的構成要素包括提供者（管理層、同事、自己）、是否公開、接收者（個人、團體）、傳達方式（口頭、書面、圖表）、頻率和具體性。其中的具體性，根據提供的資訊程度可分成具體性反饋與概括性反饋。具體性反饋指的是，在規定時間內執行業務的過程中，上一代依據情況的不同，提供八年級生達成目標的相關資訊；概括性反饋指的是上一代提供達成目標的全部資訊。

當上一代經常提供八年級生反饋時，就會產生效用，不過上一代也有自己負責的業務，不能一直幫忙八年級生。文光秀教授表示，假如環境不允許上一代經常提供反饋，則應具體告知交辦事項。具體性反饋就是要多針對八年級生的工作內容傳遞正面與負面等多面向資訊，有用的資訊越多，八年級生就越能及時幫上忙。不過，八年級生認為的具體性，和上一代認為的具體性不同。

當某個領域的專家要向人解釋該領域的知識時，會下意識假設自己熟知的事，對方肯定也知道，導致解釋不清，這叫「知識的詛咒」（Curse of knowledge）。新進員工雖然有下功夫學習，但畢竟才剛通過面試進入公司，實際上他們的知識和一般人差不多，聽不懂很多專業術語，要把所學運用到實務上也還有一段距離。如果上一代認為「解釋到這種地步，應該能自己看著辦吧」，那麼，我敢斷言絕對得不到預期的成果。非得達到「解釋了這麼多，跟我自己跳下去做有什麼不一樣？」的程度，才算解釋得到位，新進員工才能真正地理解業務。

大學明日研究機構舉辦的千禧世代和Z世代為中心的趨勢和行銷傾向分享研討會T-CON（Trend Conference）中，選出被八年級生喜愛的影片。其中，有一支影片是「和後輩約吃飯的方法」，影片內容說明了職場前輩約後輩吃飯的時候，應該預約什麼樣的餐廳，以及如何聊天不冷場。八年級生看的YouTube影片會鉅細靡遺地說明，連約吃飯、吃飯聊天的小竅門都一一介紹。試想，對著向來習慣接收上述細節說明的八年級生說出「你自己看著辦」，想當然會造成混亂。上一代想讓八年級生完全理解交辦事項，需要說明的細節比想像中還多。

區分指責和具體的指示

八年級生不喜歡自己找出錯誤，也不喜歡自己解決問題。他們不懂明明對方已經知道正解，為什麼還要讓自己經歷錯誤？既然能從網上找到答案，又何苦非得親手解決問題？八年級生認為上一代以「這是為了訓練你的能力」為由而不告知答案很沒效率，同時也是放著輕鬆的路不走，偏要兜圈子的無用之舉。如果不用付出努力也有路通往成功，那麼選擇那條路是理所當然的。嘗試錯誤，是在沒有正確答案時才做的。

上一代不給出明確的工作指示，是導致員工工作效率差的主因。根據二〇一六年韓國求職平台 saramin，以一千零三十八名上班族為對象進行的調查結果顯示，員工感到鬱悶的最大原因是「不合理的指示」（52.5％）。職員搞不懂上級的指示，當然不可能有好的成果；反之，上司也因為沒得到預期的結果而感到鬱悶。上一代應該非常清楚，當著上司面前說出聽不懂上司的意思，這該有多困難。所以，職位越高的上一代，越要仔細觀察員工是否真的理解自己說的話，一起找出工作的具體方法，縮小彼此的想法差距。

若期許員工主動工作，就得賦予他們自律性，這道理適用於每一個世代，不僅是八年級生。人們只有在做發自內心、主動想做的工作時，才會感到樂趣。不過，由於八年級生一無所知，上一代賦予八年級生自由與彈性時，應明確告知權限範圍，最好給出幾個選項，比方說，八年級生能否詢問客戶相關內容、八年級生致電他人時能否表明自己正在進行的工作內容。唯有權限界定明確，才能避免日後的問題。

上一代不能給了八年級生權限後就放任不管，而是還要給予準確的反饋，提出更好的工作方法，修正錯誤。碰到這種時候，如果上一代不留意自己的語氣，可能會被當成是指責，建議盡量使用柔和的語氣。儘管有些八年級生，就算上一代不說也能做得很好，但大多數人一開始都會徬徨失措。上一代要提出能參考的指導方針，當發生問題時，更要展現出解決問題的姿態，如此一來，就能穩定八年級生的情緒，幫助他們好好工作。

和不寫電子郵件的世代的溝通方式

雖然說八年級生把公司和個人視為兩回事，但沒有人一開始就是被動的。既然進入了職場，八年級生當然會想得到認可。然而，縱使是工作初期滿腔熱情，隨著時間過去，八年級生會受到公司氛圍的影響，逐漸變得被動。一旦員工出現被動的情況，很可能是公司內部文化與體系出了問題。哥本哈根商學院路易斯・哈德（Louise Harder）博士表示：「無論何時，員工不熱衷工作都是管理者的責任。」如果員工感覺到不自在，管理者就應該建構適合員工的體系。

八年級生變得被動的過程如下：起先八年級生會積極煩惱如何完成交辦事務，因為是第一次接觸的工作，不免覺得棘手，於是跑去請教前輩們。被問一兩次的時候，前輩們會清楚說明，但很多時候工作一忙，八年級生就被晾在一邊。在工作的過程中，八年級生不斷碰壁卡關，於是他們開始覺得自己負責的工作不重要，反正無法進行下去，索性撇下不管，只要顧好分內事，輕鬆上下班就好了。

每個職場菁英都有過懵懂無知的菜鳥期，沒有從一開始就做得好的人，大家都是越做越上手。對第一次接觸的工作感到生疏，實屬當然。八年級生職場新鮮人的模樣是上一代過去的樣子，上一代應將心比心，「當時的前輩看我，就像我現在看後輩一樣啊」，耐心地指導八年級生。

有人認為，身為數位原住民的八年級生覺得電子郵件更方便，同時又怪他們明明人就在旁邊，卻不打算直接口頭溝通，而是使用通訊軟體。這種認知不全然正確。其實，八年級生在踏入職場之前，幾乎都沒用過電子郵件，他們主要透過社群網站和通訊軟體和同儕交流，也不習慣定期查看電子郵件，因此，他們不喜歡用郵件接收工作指示，口頭指示反而更有效。

公司聚餐是壓力

一個人吃午餐更自在

沒有能讓八年級生喜愛公司聚餐的方法。對重視下班後時光的八年級生來說，聚餐是一種壓力。八年級生之所以上班，是為了享受下班後的時間。八年級生討厭聚餐不是因為討厭喝酒，而是只喜歡和相處自在的人喝酒。八年級生討厭午餐時段的同事聚餐，更喜歡一個人吃午餐。隨著迴避聚餐的人越來越多，聚餐文化正在消失，畢竟沒道理花錢做大家都不喜歡的事。偶爾聚在一起吃午餐成為唯一的聚餐文化。

二〇一八年《韓國經濟新聞》針對工作十年以上的一百一十九名上班族為對象進行問卷調查，結果顯示過去十年間改變最大的韓國職場文化是「強制參加聚餐」（37％），午餐聚餐變多，就算是晚餐聚餐也會控制在第一攤結束就散會，很少有公司聚餐會超過晚上十點，而且上司也很難開口提議續攤。此外，公司會提前公告聚餐資訊，員工可自由參加。韓國公司的聚餐文化正在逐漸消失，聚餐被認為不利於促進員工之間關係與公司未來發展。

＊＊＊

去年就業的鄭素丹（假名，27歲）從未和同事去過KTV。公司聚餐大多在第一攤結束，就算有人提議續攤，也只有小貓兩三隻會想去，去了之後想走也能隨時離開。喜歡唱歌的話，大可以和同事一起去KTV，但鄭素丹從沒那樣做。（〈為什麼要和同事去KTV？消失的KTV聚餐〉，《韓民族日報》，二〇一九年八月二日）

＊＊＊

公司聚餐不是因為看八年級生的臉色才消失。就像上述報導內容，在八年級生進入職場之前，聚餐文化已逐漸趨向消失。如果是以前的年代，鄭素丹說自己喜歡唱歌，一定會被帶去KTV續攤。八年級生表示雖然沒經歷過過去韓國公司的聚餐文化，但總覺得自己會很不自在，所以儘管他們未曾感受到公司聚餐的缺點，不過也樂於接受聚餐文化消失的職場現狀。八年級生不願意刻意逢迎公司的人，去做自己不喜歡的事。

在過去，聚餐是同事之間增進情誼的場合，了解彼此的興趣愛好，前輩告知後輩職場生活必備的基本禮儀，從倒酒的方法開始，學習如何讓職場生活更順利。雙方都把聚餐視為是加班的一種，增進彼此的了解有助於未來的工作，於是一路續攤到第三攤、第四攤，一起喝到掛，產生彼此變得很熟的感覺。雖然隔天得承受宿醉的痛苦，但過去的上班族別無選擇，只因這是有意義的聚餐。

也有人懷念過去的公司聚餐文化，認為同事之間吃個飯沒問題，不要硬灌酒就好了。不過，「和公司的人一起吃飯」這件事本身就讓八年級生不自在。再者，一起喝酒和團結一致並不能畫上等號。公司聚餐喝酒的目的是希望同事之間能超越公事關係，發展私交情誼，但八年級生不打算超出公事關係，排斥在各求所需的暫時性關係中宣揚團體主義。

不過是增加紓壓購物費

在韓國大型物流公司上班的A科長（36歲），他最大的煩惱是該怎麼對待一九九三年生的新進員工。最近業務量爆增，A科長指派該職員工作時，對方拒絕道：「這不是我的工作，我要先完成組長指示的工作。」在公司聚餐當天，該職員說：「我今天安排好要去運動，不參加聚餐。」然後收拾東西逕自下班。A科長表示：「後輩沒說錯話，但大家都是同組的，總覺得心情不好。」（〈社長們努力學習了解的「八年級生」……三十多歲「傷心的夾心世代」〉，《朝鮮日報》，二〇一九年十一月二十四日）

A科長因八年級生拒絕公司現有的聚餐文化而傷心，他希望對方能迎合公司，能把公司放在個人之前，他認為八年級生應該參加有意義的全組聚餐。但八年級生並不想超越公事關係，一旦產生了團體意識，以後會出現很多傷心事。

* * *

八年級生不喜歡聚餐，是因為不想被剝奪個人時間。八年級生也不喜歡午餐聚餐，但相較於晚上聚餐，排斥感較低，哪怕午餐聚餐時間延長，反正占用的也是上班時間，而且還能吃到比平常更好吃的午餐。對八年級生來說，下班後時間很寶貴，不是為了隔天上班而休息。八年級生認為聚餐是把個人時間耗在公司，即便參加聚餐也是心不在焉，隨時伺機離場。

但這也不是說八年級生偏好午餐聚餐。耶魯管理學院組織行動學專家瑪麗莎・金（Marissa King）教授做過的午餐聚餐相關研究中，以一百零三名上班族為對象調查午餐型態與下班時的狀態，結果顯示中午義務參加聚餐的人最為疲勞，甚至比因午餐時間工作而感到疲憊的比例還高，感覺最不疲勞的則是獨自吃午餐的人。

瑪麗莎・金教授透過《華爾街日報》指出：「一個人在辦公室吃飯也許不是件壞事。」

八年級生也好酒。二〇一八年韓國教育部禁止在大學慶典上賣酒，卻允許學生買回學校，於是世宗大學門口超商的酒類營業額增加二十倍。大學慶典首日的酒類銷售額就超過七百萬韓元（折合新臺幣約十六萬元）。八年級生從很久以前就會把飲料和酒混著喝，他們不是因為不喜歡喝酒才討厭聚餐，而是不想和公司的人一起喝酒。買瓶燒酒，自己在家獨酌更自在。

和相處不自在的人一起聚餐吃飯會感到壓力。儘管參加公司聚餐能減少伙食費，然而考慮到後續衍生的「紓壓購物費」[129]，仍舊不符經濟成本。紓壓購物費指的是因為受到壓力，依賴購物或美食紓壓而需要支出的費用。紓壓購物費由鄙俗詞彙和費用合成，會用在聚餐上，也會用在與公司有關的事。假如一開始就沒有聚

129 **紓壓購物費**：시발비용，類似「衝動購物」，但前提是受到壓力。「시발」是髒話，相當於中文的「幹」，再加上「비용」（費用）而成。

餐，八年級生就不會產生受到壓力後的消費行為。

就算能吃到平常吃不到的昂貴料理，也不願意參加聚餐。八年級生的想法是，料理好吃歸好吃，但一想到聚餐氣氛，實在是無法好好品嚐，倒不如下班後去超商吃碗泡麵更美味。對於不想做的事，唯一的解決方法就是不做。如果是要好的同事，私下約出去見面即可，不用打著聚餐的名堂，勉強對方參加聚餐。

八年級生的分身角色，自發性的邊緣人

我在公司不會這樣

如果上一代依據八年級生在公司的模樣，猜想「他有這種興趣」或「他是這種性格」，十之八九是錯的。有些人在公司裡安靜內向，但一見到朋友就變得活潑；反之，有些人在公司裡活潑外向，但一出公司則變得沉默寡言。其實，不用知道對方的真實性格也沒關係，因為彼此的了解對工作沒有幫助，也沒必要硬是分享私生活細節。八年級生想要明確劃分職場與私生活。

八年級生會透過 Instagram 公開私生活。就算是素昧平生的陌生人，也會細看他人上傳到Instagram的日常照，然後按「讚」。八年級生也希望要好的朋友能多看自己的Instagram，但考量內容往往會變成嘮叨的題材或增加不必要的對話，所以不喜歡讓同事看到。如果上一代問新進員工有沒有玩社群網站，大多會說「不玩」，原因之一是社群網站被扭曲成「浪費時間的服務」[130]等負面詞彙，給人的印象不好。八年級生不想給人負面印象，也不希望同事加入自己的帳號，索性說沒玩。

金仁玉（音譯）作家的《八年級生造就的組長的成果》[131]有過相似內容。組長訓斥新員工：「我昨天看了你的Instagram，發現你和朋友喝到很晚，有喝酒的時間不如好好工作吧！」新員工反問道：「我工作上是犯了很多錯，這沒錯，可是我和朋友喝酒玩樂是個人私生活，組長憑什麼管？」儘管這是個極端的例子，但八年級生擔心發生相同情況，才隱瞞自己的社群帳號，尚未摸清上司的脾性前，不能輕易透露。

日子久了，就能看出一個人喜歡什麼。上一代可以在八年級生的談話範圍內，尋找共同的關心事項，不用太積極地了解八年級生。每個人都有不想說的事，說不定對方不說，是因為顧慮自己的嗜好在外界眼光看來可能有損形象，例如愛看動漫片，也說不定是小眾喜好，覺得說出來無法引起共鳴。八年級生不想刻意和不熟的人提及興趣愛好，等到時間一長，覺得對方是可靠的人，自然會一一揭露。

今天也
每個瞬間
燃燒殆盡
老么[132]先告辭了

這是樂天七星飲料 CANTATA 咖啡的廣告。在廣告中，由演員李炳憲扮演的上

130 **浪費時間的服務**：在韓文中，「浪費」（낭비）、「時間」（시간）、「服務」（서비스）的發音拼音第一個字母分別是 S、N、S，和社群網站（SNS）縮寫相同。

131 **《八年級生造就的組長的成果》**：《90 년생이 팀장의 성과를 만든다》，ISBN：9791196837709，tellus 出版。

132 **老么**：老么是年紀最小或地位最低的晚輩，不只是上級的晚輩，更是所有晚輩中的晚輩。

司說：「大家今天一整天都全力以赴，精疲力竭了吧……」正想提議聚餐的時候，扮演職場新人的演員朴正民立刻接道：「是啊，精疲力竭了，所以職場老么我先告辭了。」就離開了，當時朴正民已換上不符上班族形象的劍道服，展示八年級生重視工作與生活平衡的面貌。同樣地，在三星生命保險廣告中，上司問：「晚上點什麼宵夜好？」下屬回以：「請下班吧。」這支廣告傳達出「時代改變，保險也改變」的訊息。相較公司，員工重視個人生活是整體趨勢。

不能以八年級生在公司的模樣來判斷八年級生。人緣好的朋友常說：「我在公司不會這樣。」自認喜歡被人關注的「關種」，不管走到那裡都是人群中心，這類人喜歡去夜店等氣氛嗨的地方，而且玩樂的場合絕對少不了他，在酒桌上是氣氛製造者。不過這類人在公司卻天差地遠，盡可能低調不出頭，只做上司交辦的工作，他們雖然會和差不多年齡的人混熟，但不會展現真實模樣。

我有一位朋友表示自己在公司幾乎不說話，不過他和朋友們碰面時，就和一般人一樣談天說笑。硬要說的話，他算是多話的人，不過他在公司盡可能沉默寡言，甚至有過一整天都沒說話的經驗。他說悶歸悶，但比起和讓他和覺得不自在的人說話，保持沉默更好。同事們以為他是天性被動，若單憑他在公司的形象，可能會以為他下班後只會宅在家。很多時候，八年級生會隱藏自己的真面目，所以上一代不宜妄下結論。

自發性 Outsider，選擇性 Insider

根據求職平台 saramin 的調查結果顯示，44％上班族在公司裡是自發性「Outsider」[133]，當中的主要原因有「只要好好工作就行」（49％），「為了保障個人休閒時間」（48.4％）居次，「不在意人際關係或歸屬感」（41.9％）和「厭倦人際關係」（34.5％）等等。在付出的行動種類方面，以「工作結束後立刻下班，享受個人時間」（77.9％）最多。大多數人都滿意於這種「Outsider」行動，90.3％的人表示以後會繼續採取這種行動。

133 Outsider：指一個圈子裡的邊緣人。相對地，Insider 指的是一個圈子裡人氣高的人或主流分子。

這項調查不只針對八年級生，也包括全體上班族。由此可見，將公司與個人加以劃分的思維方式，並非八年級生獨有。Outsider 原本帶有貶義，指的是不合群的邊緣人，如今不再是如此。由於「自發性 Outsider」一詞是在 Outsider 含有貶義時出現的，意指不是不能合群，而是不想合群。自發性 Outsider 人數多，代表很多人在公司一個樣，下班後又是另一個樣。

重視私生活的外國人對於愛問隱私的韓國文化感到不自在，對於隱私問題通常回以不予置評，或直接表達不快，而韓國人會自然而然地接受。在韓國集體主義社會轉變為個人主義社會的同時，韓國人也應該以對待外國人的方式對待韓國人。韓國社會對於侵害私生活與個資的看法已改變，如果被追問個人戀愛史，或被死纏爛打追問為什麼一直改變興趣，人們會感到不舒服。韓國人應捨棄愛問他人家庭關係和居住地等私人問題的過時模式。

八年級生會區分使用聊天軟體，這也是上一代得知道的重要事項。八年級生認為劃分公私生活很重要，不希望公司侵入私生活領域。八年級生需要很大的勇氣，才願意儲存同事的電話號碼。KakaoTalk 或臉書 Messeger 是和朋友聯繫的工具，公事則限縮在自己私下不會使用的公司內部聊天軟體即可。建議可使用過去人氣很高，如今沒落的 Nate On[134]，因為八年級生平常不會用 Nate On，不用擔心公事和私事扯上關係。

八年級生不想和具勞雇關係的同事分享日常，無論上一代多麼好奇八年級生下班後的生活，建議最好忍住。如果問起八年級生不想透露的事，反而會讓他們尷尬，不知如何回答。透過區分公司和私下使用的聊天軟體的方式，明確守住底線，是關照八年級生的方法。

134 Nate On：韓國聊天軟體之一。

寫手寫信的八年級生

表露真心的實體情懷

有些人認為八年級生是數位原住民，是熟悉行動裝置的世代，他們使用的一切都是數位化的。比方說，很多人以為八年級生結婚只發電子請帖。實則相反，網路連結的人脈網太大，有很多只是會聯絡的網友，但交情還不至於發請帖；就算真要發電子請帖，八年級生還得篩選賓客。所以，八年級生其實更喜歡實體的紙本請帖，甚至還會在現有的請帖裡追加手寫信。

「前同事只發了電子請帖，沒發紙本的，我有點慌張，下面附有銀行帳號，是要我把禮金直接匯進去嗎？最近都是這樣發請帖的嗎？」

上一代發請帖的方式是，在好幾個月前約對方出來見面吃頓簡餐，順便送出紅色炸彈，當上一代看到如今有別於以往，就認為時代變了。其實，八年級生現在炸人的方式也是一樣的，不過是在原有模式追加電子請帖罷了。八年級生覺得如果只發電子請帖，會讓對方不開心。同樣地，如果自己只收到電子請帖，則會重新斟酌和發帖者之間的關係。八年級生只發電子請帖的情況是，考慮到彼此日後是會見面的關係，不得不給請帖，但又希望收帖者不要到場，或是抱持「跟他收份禮金才對吧」的想法。Sum-Lab 是一個以二十歲到三十歲族群為主的婚戀主題部落格，以下是其相關採訪內容：

＊＊＊

「老實說，如果不是很清楚彼此狀況的話，我會很不高興。在發請帖前，雙方有過什麼樣的交流很重要。如果對方沒先跟我打招呼，只發電子請帖給我，說真的，感覺不好，我會思考我們的關係是不是不熟到只能發電子請帖。」

「我才不參加，如果我結婚，對方也不用來我的婚禮。幾天前我才遇過這種情況，真的超瞎。有個人把我拉進聊天群組，廣發電子請帖，我第一個念頭是：『這個人是誰啊？』不管是誰，心機也太深了吧，又不是漁夫，擺明了要釣人包禮金。這麼不熟，就算參加了，新郎新娘好像會認不出我。光是把心思放在關心我身邊的人就夠我忙了，如果這個人真的希望我參加婚禮，當面邀請是基本禮貌。」

「會發電子請帖，不就是因為彼此的那個（交情）不夠嗎？通常和電子請帖一起傳來的台詞都是『抱歉，我應該當面交給你的，但實在太忙了。想一想，覺得還是通知你一聲才對，所以就用電子請帖代替了。不要有壓力。』看到這些話，我就會想『啊，原來我在你心中的分量不過如此。』幸好，我認為的熟人中，沒有人只發電子請帖給我。」

＊＊＊

大多數的人都對只收到電子請帖感到反感。雖然有人認為紙本請帖會不會就此消失，但我不這麼認為。通常我收到紙本請帖後，為了看清楚婚紗照或為了分享到社群網站，會習慣向新人另要電子請帖。會發電子請帖的通常是不懂做人基本道理又不熟的人。當八年級生只收到電子請帖時，就會重新思考和對方的關係，如果是非常要好的朋友，也知道對方迫於無奈的情衷就能諒解。

紙本手帳的成長理由

偶爾會有人把手寫信和紙本請帖一起發來。收到充滿誠意的請帖，大部分的人都會出席，有時還會特地收藏紙本請帖。在「賓客選出的最佳請帖」的相關調查中，「和請帖一起寄來飽含誠意的手寫信」以壓倒性的比例居冠，其次是「第一時間通知婚訊」和「與請帖一起送上的小禮物」。從這裡能明顯看得出數位感受不到，只有實體才能感受到的情懷。

電子請帖剛登場的時候，有過「實體會逐漸消失」的說法，偶爾會出現「只收到電子請帖該怎麼辦」的網路文章。這是上一代只看見片面，以為「原來最近全是這樣啊」的誤解。打從電子請帖問世，八年級生就對只發電子請帖覺得反感，認為相較於數位方式，實體更能表達誠意，況且展現誠意很重要。

對電子請帖持否定態度的不只韓國。美國 Paperless Post 是製作電子請帖的公司，該公司在二〇〇九年成立時，人們認為紙本請帖的時代將終結，因為電子請帖更方便，能傳達的內容又比紙本請帖豐富。不過，Paperless Post 因應無法傳遞誠意的客戶的強烈要求，在二〇一二年推出紙本請帖服務。如今，該公司約有一半的銷售額來自紙本請帖，展現出公司對實體情懷的重視。

在數位時代的現在，義大利筆記本品牌 MOLESKINE 憑藉著實體情懷，每年銷售額成長率都達到二位數。在記事本已成手機基本功能的時代，很多人每到新年還是會購買新的手帳，許下新年新希望。MOLESKINE 的CEO阿里格・貝爾尼（Arrigo Berni）曾道：「假如我從一九八〇年代開始 MOLESKINE 事業，那麼事業將不會成功。」意即，隨著一切事物的數位化，人們反而尋找感性情懷的價值。

數位化的發展和大型書店的登場，使得一度消聲匿跡的小型社區書店重新出現。這些稱為「獨立書店」的小型書店，以獨特的裝潢風格吸引人們關注，人們因其和大型書店的感覺不同而光顧，書店主人主動擔任推薦好書的 Booktender[135]。獨立書店不同於陳列暢銷書為主的大型書店，反映了書店主人的喜好。相較於有名的書，在獨立書店反而能找到一些不好買到的獨立出版書籍。不愛單一化事物，想尋找與眾不同的實體情懷，正是八年級生尋訪獨立書店的原因。

135 Booktender：源自bartender一詞。

反老頑固！老頑固鑑定師

年輕的老頑固一樣無解

老頑固指的是冥頑不靈、堅持己見，或是喜歡強迫某事的人，一般會用「老先生」「老人家」等隱語替代。無關年齡。每個世代都為了不被人稱作老頑固而努力，起碼不想成為一名典型重症老頑固。在公司裡，面對那些老頑固，八年級生不會發表任何意見。組員們不發表意見，上司就會誤以為大家和自己的想法一致。由於上司無法廣納建言，使得做出錯誤判斷的機率變大，從而造成公司損失。上一代人也許最怕的就是被叫老頑固吧！

在《朝鮮日報》的某篇報導中，對於「會不會擔心被當成老頑固？」的問題，34％的人回答「是」，而對於「覺得自己是老頑固嗎？」的問題，91％的人回答「不覺得」。自認不是老頑固，又不確定他人的看法。有90％的人表示公司裡有老頑固，代表有很高的機率是自己被某人當成老頑固看吧。

在同一篇報導中，對於「為了不被當成老頑固，做過哪些努力呢？」的問題，45％的人回答「盡量少說話，傾聽對方的話」，其次，24％的人表示「盡量避免權威式的言行，像是：說平語[136]、發脾氣等等」，再來是「提出建議的時候，避免涉及情緒，只給實務為主的建議」則有20％。由此可見，老頑固已經成為社會問題，人人不敢掉以輕心。不管對方能否意識到自己的努力，但自己正在盡力。

「老頑固」通常指上一代，不過也適用同一個世代。只差三歲的大學學長覺得「最近的學弟妹過得太爽了吧」，於是端正風紀，要求學弟妹遵守禮儀。在八年級

136 **平語**：韓國人會對年長者或社會地位較高的人使用敬語，對比自己小的人，或同歲，或是親近關係的人使用平語。

生之間會說：「年輕的老頑固一樣無解。」如果是上一代就罷了，畢竟他們從小看著再上一代的老頑固長大，成人之後變成老頑固多少還能理解，但這種解釋無法套用到年輕的老頑固身上。八年級生無法理解，大家明明生長在同樣的環境下，怎麼會有人的思考方式變成那樣。

八年級生的想當年

當著上一代人的面大咧咧地說對方是老頑固，並非易事。如果有某個八年級生說了這種話，那麼他一定鼓起了非常大的勇氣。不過，如果面對的是同世代的老頑固，就能很輕易地開口，要是覺得對方的言行太過分，就會直接說：「你是老頑固嗎？」偶爾會碰到不好直接開口的關係，有專門用在這種時候的新造語——「想說不說」和「禁餵」。前者是「想說的話很多，但不說了」，後者是「禁止餵食」，意指碰到不必要的爭吵，就爽快地住嘴，結束對話。

社會不是因為八年級生說討厭老頑固才有了改變，這種現象不是整體社會為了特定的世代而做出的讓步。「反老頑固」之所以蔚為話題，是因為韓國全體國民深有共鳴。大家都親身體驗過老頑固的行徑，感覺不好，告誡自己日後不能成為那種人。如果大家採用「我以前承受過，如今換你也承受看看吧」的心態，社會是不會有進步的。八年級生努力地傳揚哪些是不該做的老頑固行徑，以守護社會。「想當年」就是不該做的老頑固行徑之一。

在韓文中，「想當年」和「拿鐵」的發音相似，因此「拿鐵」被用來諷刺那些把「想當年我怎樣怎樣」掛在嘴邊的人。「拿鐵」曾被三星生命保險等各大公司用在廣告中，老頑固為了得到八年級生的認可，拼命告訴八年級生自己的經驗，反而產生反效果。八年級生只會覺得「是在炫耀嗎？」，老頑固的想當年通常聊的不是讓八年級生羨慕的內容，而是吃苦的經驗。

「想當年啊，我們加班就跟吃飯一樣，忙的時候經常要到凌晨十二點多才下班，隔天一樣得準時上班。晚上七點能下班就謝天謝地。想當年啊，我的工作量真的很大，最近年輕人七早八早就走了。」

幾乎人人都聽過這種話。老頑固認為加班到深夜的人才是職場菁英，強調自己坐上現在這個位置前吃過很多苦頭。「想當年」大多僅止於嘴上嘮叨，但有的老頑固會更進一步要求八年級生向自己看齊。當年，韓國在 OECD 國家的工時時長排名第一，工作量想也知道非常驚人，到二〇〇七年為止，韓國都穩坐冠軍寶座，二〇〇八年才把第一名讓給了墨西哥。

上一代一提起過去，基本上就聊不下去。八年級生一聽到「想當年」，第一個浮現的想法是「所以要我怎樣？」。八年級生認為老頑固很可憐，沒有個人生活，被工作占去所有時間。對於把自己的人生放在第一優先的八年級生來說，這簡直是天方夜譚，打定主意不過那種生活。如果上一代想引起共鳴，就去對年齡相仿的人「想當年」吧，同個世代的共通性較多。如果希望八年級生藉由「想當年」了解自己的努力，只會適得其反，無論出於什麼目的「想當年」，都無法取得好結果。

八年級生明白為什麼上一代總愛想當年，因為八年級生本身也愛召喚當年。八年級生和高中同學經過母校，不禁回想起高中時期為了買麵包吃，特地跑去學校福利社的模樣；看見學生時期常去的餐廳停業了，也會感到遺憾；偶爾會回想起小時候看的動畫電影。儘管是過了十年的「拿鐵」，但因為彼此之間有共鳴，因此不覺反感。

第四章

八年級生的消費趨勢

世上沒有免費的內容

訂閱 Netflix 是必要的

以非法軟體為榮的時代早已是過去式，最近付費購買內容創作者、作曲家或電視台製作的節目是理所當然的，哪怕是 YouTube 影片或街頭賣場播歌也會被視為侵犯著作權。過去，付費購買微軟 Office 或 Windows 正版軟體的人，會被當成冤大頭；如今，付費買正版才是王道，使用非法服務的人得小心翼翼、看人臉色。另外，現在人人起碼會加入一個類似 Netflix 的串流媒體平台，也會因為不想看廣告，而願意掏錢購買 YouTube Premium。

像 Netflix、oksusu、WATCHA[137] 這類的線上影音服務稱為 OTT（Over The Top）。八年級生通常在線上觀看 Netflix 節目，不會特意下載。Netflix 製作有「Netflix 原創」（Netflix Original）的獨家節目，例如深受歡迎的韓國喪屍影集《屍戰朝鮮》即屬 Netflix 原創。除此之外，Netflix 也製作不少新鮮特別的主題影集，像是描述搶劫造幣局故事的西班牙影集《紙房子》（*Money Heist*）。許多人訂閱 Netflix，是為了收看 Netflix 原創。韓國人第二常用的串流影音服務是 WATCHA，不過 WATCHA 目前尚未推出原創電影或影集。除了部分內容有所區別外，Netflix 與 WATCHA 兩者之間有許多內容重疊，人們通常只會訂閱其中之一。

「我原本不打算訂閱 Netflix，是朋友們推薦《屍戰朝鮮第二季》很有意思。我只想看《屍戰朝鮮》，偏偏只能在 Netflix 觀看，所以才訂閱。沒想到，意外發現這裡有太多好看的影集，於是不停地看下去。」

朋友們在群組對話裡，一整天都在討論《屍戰朝鮮》，八年級生如果想加入朋

137 oksusu、WATCHA：皆為韓國本土串流影音服務。

友的話題得先看過影片才行。《屍戰朝鮮》是 Netflix 原創影集，無法透過其他平台收看。八年級生心想「反正第一個月免費就先用看看吧」，最後因為有趣的影集持續地推陳出新，就這麼一直看下去，就算把《屍戰朝鮮》追完了，也無法取消訂閱。這是八年級生陷入 Netflix 行銷策略的超典型案例，有趣的是，其他串流服務的使用者很少出現這種情況。

人們可以「贊助」免費觀看的內容，像是 AfreecaTV 的星氣球。另外，Twitch、YouTube、Spoon Radio 等各種平台都有贊助功能，唯一不同的只有名稱。買一顆一百一十韓元（折合新臺幣約三元）的星氣球，能贊助最喜歡的實況主。實況主透過獲得的星氣球數，能掌握觀眾對直播內容的反應，同時把星氣球變現用於內容製作。一般的實況主將星氣球變現時，得付40%手續費。隨著實況主等級升等成 Best 實況主或 Partner 實況主，手續費會跟著降低。

雖然我們收看 AfreecaTV 時，會看見不斷爆炸的星氣球，意味著觀眾源源不絕地贊助頻道，可是我身邊幾乎沒人有贊助那些實況主的經驗。大家都是純粹觀看直播，儲值五千韓元（折合新臺幣約一百一十八元）加入粉絲俱樂部就算很了不起了，畢竟贊助一顆星氣球就能加入粉絲俱樂部。有一百八十萬訂閱者的 YouTuber 晉龍辰（音譯）的「告訴各位那件事」頻道[138]，曾拍過影片，揭曉那些 AfreecaTV 的豪氣贊助者的真實身分。每年花幾千萬韓元贊助頻道的人，很多都是上班族或事業家，其贊助理由多是想幫實況主一把。

看 YouTube 一定會聽到「請訂閱、按讚、開啟小鈴鐺」這句話。訂閱者越多，YouTube 的曝光機率就越高，「按讚」和「開啟小鈴鐺」也同理。八年級生觀眾知道自己的「按讚」和「訂閱」相當於是給內容製作者的實質金援，正因為知道自己的觀看有助於提高整體觀看數，讓 YouTuber 荷包滿滿，所以八年級生回饋意見給 YouTuber 時，也不會感到壓力。不想直接贊助金錢的人，會改以「按讚」和「訂閱」的方式支持頻道。

138 **「告訴各位那件事」頻道：**그것을 알려드림，是根據 SBS 電視節目《想知道真相》內容為基礎的 YouTube 資訊節目，由網紅實驗探索有趣的時事。

免費的內容消失了

八年級生最常看的內容就是電競。根據大學明日研究機構統計結果顯示，72.2%的八年級生會固定收看電競內容影片，五名中有一名表示最近一年曾看過電競聯賽。在八年級生的支持下，「英雄聯盟」（LoL）的Faker（李相赫）選手，被《富比士》（*Forbes*）選為「二〇一九年最具影響力的三十歲以下亞洲娛樂與體育類別三十名傑出領袖人物」之一。儘管Faker的年薪沒被正式公開過，但據說居韓國所有運動員之冠。換言之，Faker非但在職業電競玩家中，而是穩坐所有職業運動選手收入排名的冠軍寶座。

電競聯賽有著「粉絲隨選手移動」的特性。相對地，職棒是以地區分隊，不管支持的選手去到哪一隊，球迷也不會因此變心支持別隊，籃球或排球等大部分的體育競賽都是看地緣，唯獨電競不是如此。電競迷加油的對象是選手，雖然有些人會因為團隊色彩或隊伍戰鬥風格而支持某隊，不過大多數電競迷喜愛的是玩家選手的表現，而不是該團隊。這是電競與以地緣為主的體育文化的差異。

我的朋友朱某是英雄聯盟DRX戰隊的粉絲。他一直都很喜歡電競，但不是一開始就支持DRX。在二〇一九年年底，DRX引入多位FA選手[139]，組成了粉絲心目中的夢幻戰隊。在英雄聯盟二〇二〇年韓國冠軍夏季賽中，DRX首戰告捷，擊敗Faker效力的T1戰隊。朱某喜歡打法激進的選手，而不是選手所屬的隊伍，當明星選手全都離隊，隊伍成績不佳時，就會改為別隊加油。

大學明日研究機構以代表MZ世代的五百名八年級生為對象進行調查，結果顯示88.8%的人在最近六個月內有使用付費內容的經驗。八年級生最常使用的付費內容就是「音源」。使用者付費，天經地義。八年級生也愛買聊天貼圖，也會因為朋友們對自己買的貼圖有好的反應而感到滿足。

隨著八年級生習慣付費購買好內容，新型態的雜誌應運而生。韓國雜誌《iiin》[140]的原則是不打廣告。該出版社劃分出不同的雜誌路線，有專攻廣告收益

139 FA選手：和棒球一樣，是指沒有合約的自由選手。
140《iiin》：內容以介紹韓國濟州在地的人文風情為主的雜誌。

的雜誌，至於《iiin》則是首重內容品質，這種作法和人們付費就能不看廣告的YouTube Premium 類似。根據《iiin》二〇一八年的訂閱者年齡層調查結果顯示，74%訂閱者為二十歲到三十歲族群。這是一種依賴訂閱者付費訂閱就能創造穩定收入、持續經營的新型態事業模式。

此外，韓國免費網漫網站「夜兔」在二〇一八年關站，現在的網漫平台結合了免費觀看制與付費觀看制。韓國最有名的 NAVER Webtoon 能讓使用者免費看漫畫，但付費使用者可以搶先看二到五集，一集漫畫的租金是二百韓元（折合新臺幣約四點七元），直接買一集是三百韓元（折合新臺幣約七點一一元）。儘管耐心等一個月就能免費看，但急著追進度的人寧可直接付錢。還有，像是 Lezhin Comics 等部分網漫平台沒有免費觀看制。「夜兔」是因為免費提供所有內容，靠著非法廣告賺錢，是對於著作權敏感的八年級生所不樂見的，因此群起抵制。八年級生認為內容就是得付錢買才對。

瞬息萬變的流行

人氣遊戲的流行週期

通常年紀越小，對流行越敏感，喜歡的東西總是變來變去。一聽說最近流行什麼，馬上就會出現一大堆人跟風。響應人數多，當然會具有一定的破壞力。不過不用努力跟隨流行也沒關係，大部分的流行很快就會退燒，而且許多八年級生其實並不在意流行。

「如果錯了，大頭照就要持續三天換成企鵝，答案是不可以告訴任何人喔！我要出題了。有一間餐廳，吃三人份的部隊鍋就會免費提供一人份部隊鍋，請問如果點了二十人份的部隊鍋，能讓多少人吃呢？」

這是紅極一時的企鵝問題。某一天，我朋友們的大頭照全都換成企鵝了，然後某個人拋出了問題。我心想「這一定是陷阱題」，答案一定很扯，如果傻傻當成數學問題去解，肯定會錯。這一題的答案是「不要告訴任何人」。答錯問題的人必須把大頭照換成企鵝照。這種類型的流行不長久，而且也不是首例，過去也曾有過類似的腦筋急轉彎。

「看了這篇文章的你必須解出豆腐問題，如果你答錯或逃跑，要把大頭照持續三天換成熱騰騰的豆腐。我要出題了。韓國女子團體 TWICE 成員 Mina 是一九九七年生，因為在韓國按出生年計算年紀，所以她得喊一九九六年生的成員 Momo 為姐姐。但是，在日本，她們算是同歲[141]，而且是「互平模式」。請問如果她們都在美國，Mina 該怎麼喊她呢？」

順道一提「互平模式」指的是「互相平語模式」，就是互相說平語。這道題的答案是「She」，只要把「她」直接翻譯成英文就行了。原本被當成懲罰的豆腐大頭照源自 TWICE 成員多賢的綽號「豆腐」，後來逐漸變形。這種流行起初很有趣，但一再重複就會令人厭煩。企鵝問題引起人們關心不過兩天，就退燒了。雖然我想以後應該還會再流行一到兩次，不過就當成是過時的流行吧。最近就算答錯企鵝問題，會乖乖換掉大頭照的人也越來越少了。

遊戲同樣具有快速退燒的特質。「人氣遊戲」[142]是最近的流行語，指的是大眾性遊戲。手遊 Koongya Catch Mind 是一款畫畫猜單詞的遊戲，剛推出時曾短暫被稱為人氣遊戲。後來，由遊戲入門門檻低、人人都能輕易上手的跑跑卡丁車所取代，成為下一個人氣遊戲。容易接觸的手遊，變成了八年級生之間的主要人氣遊戲。

韓國遊戲公司 Smilegate 的「失落的方舟」（Lost Ark），上市首日的同時在線人數高達二十五萬人，大獲成功。因為上線人數多，玩家得排上兩三個小時才能連上線。網路上甚至流傳著「上班族教戰秘訣」，指點上班族下班回家後，馬上按

141 **同歲：**Momo 跟 Mina 的長幼順位，粉絲之間爭執很久。大多數意見偏向她們在日本算是同年級，所以若在日本是同歲。

142 **人氣遊戲：**即 Insider Game，為 Insider 與 Game 的合成語。인싸겜（inssagem）。

下登入鍵，然後直接先睡三個小時再起床，就能連上線玩遊戲，玩到凌晨再回去繼續睡，如此一來，就能確保充足的睡眠時間。不過，相較於上市時的高人氣，失落的方舟退燒的速度非常快，現在失落的方舟在韓國網咖遊戲的占有率已經跌出前十名。失落的方舟不算熱門到足以被稱為人氣遊戲，但其生命週期和人氣遊戲相似。

二〇二〇年的人氣遊戲是「太空狼人殺」（Among US），是跟狼人殺差不多的生存型遊戲。太空狼人殺在上市三年後突然掀起熱潮。狼人是冒充者（Impostors），市民是船員（Crew），船員玩家要執行任務，冒充者玩家則妨礙任務。通常玩家在狼人殺遊戲中死亡，得等到下一局才能重新加入遊戲，但太空狼人殺不一樣，當中有一個幽靈（Ghost）的設定，讓玩家死後變成幽靈繼續參加遊戲，有時玩家還能用 Discord 進行對話。太空狼人殺如果沒有玩家就玩不起來，隨著玩家的減少，逐漸過氣，退出人氣遊戲行列，和其他遊戲踏上相同的結局。

趕錯流行，就淪為馬後砲

短暫的流行週期不只限於網路。黑糖奶茶在二〇一九年的人氣如日中天，臺灣甜品品牌「老虎堂」短時間內擴張無數間加盟店，GS25 超商推出黑糖拿鐵三明治，三養食品推出名為「黑糖小新」的限定版餅乾。在琳瑯滿目的黑糖商品中，人氣最高的當屬黑糖珍奶，不管是哪家咖啡廳都有在賣黑糖珍奶。相較於崛起的速度，黑糖熱潮退燒得過快。二〇二〇年，有人說慢一拍推出黑糖鬆餅的飲料店「白茶房」是放馬後砲。飲料業明明是變化速度緩慢的實體產業，但時間才隔一年就落得馬後砲的評價。不過，這不代表黑糖鬆餅是失敗之作。

類似的事例不計其數。紅遍一時的夾娃娃機店消失了，麻辣燙熱潮也迅速消退，炸雞皮一類的特色餐點爆紅也只是一時，難以持久。如果是經營咖啡廳的人，像黑糖珍奶那時一樣，打鐵趁熱推出新飲品也不錯，但無論任何事，新的開始總是危險的，跟風做別人已經知道的事是慢半拍之舉。不可否認，順應潮流能賺取龐大收益，不過跟風事業多為高風險高回饋（High Risk High Return）。

《東亞商業評論》報導指出，年紀越輕，越不容易被潮流影響。大多數八年級生不關心流行，能毫無顧慮地說出這個食物不好吃，或是這個東西不有趣。人人都知道的韓國娛樂公司 HYBE（前身為 Big Hit 娛樂）旗下男子組合BTS，他們在美國告示牌排行榜（Billboard）上連續十一個月獲得第一名，也獲得過英國專輯排行榜（Official Charts）的專輯榜冠軍。此外，BTS的 YouTube 音樂錄影帶的影片點擊率以億為單位，是一個每次出專輯就會成為全球話題的組合。

因為BTS是上一代也認識的人氣組合，所以上一代誤以為所有的年輕一代都喜歡BTS，就像韓國男子組合 H.O.T. 當年走紅時，人人都愛他們一樣。然而，我問身邊的八年級生關於BTS的問題時，很多人都回答：「我不知道他們為什麼那麼紅。」實際統計數據也差不多，根據網路市調公司 Embrain（Embrain.com）的調查結果顯示，38%的八年級生前段班和41.5%的八年級生後段班回答：「聽說BTS在國外很受歡迎，不過老實說，我對他們沒興趣。」

不招搖，保持中庸是韓國長久以來的文化。自二十一世紀初期起，開始出現質疑的聲音。「別人都說Yes的時候，能說出No的人；別人都說No的時候，能說出Yes的人。」這是二〇〇一年東遠證券的廣告台詞，至今仍膾炙人口，當時正值八年級生形成獨立思考的時期。八年級生是聽著「別害怕與眾不同」這句話長大的第一個世代，隨著他們的從眾心理減輕，受到流行影響的比重也隨之降低。

上一代如果以為「像BTS這麼有影響力，想必很多年輕一代都會感興趣吧」，依此斷定他們在八年級生之間很有人氣。但老實說，對他們感興趣的八年級生不到半數。自己討厭的東西就是討厭，八年級生不會盲從流行。比起紅遍全球的BTS，八年級生更關心自己支持的歌手的下一張專輯。因此，上一代對八年級生之後的世代說話時要更小心，才不會又碰到「怎麼又聊BTS？」的反應。上一代誤以為掌握了年輕一代喜愛的藝人，想聊藝人相關話題，但對年輕一代而言，上一代認識的藝人太好猜了，而且自己也未必喜歡。世代之間的認知有著一定的距離。

隨著年齡的增長，人們對流行變得遲鈍是自然現象。髮型和穿著打扮，每隔一段時間就會變，一度賣力追趕每個時期的流行的八年級生正在改變。八年級生喜歡不會過時的幹練服裝，買衣服時也很少挑選標新立異的衣服；每個八年級生都難免想挑戰一次新髮型，不過最後還是會回歸到方便維持的髮型；妝容也一樣，傾向容易上手的妝容。八年級生想轉換心情的時候，偶爾會心血來潮換一兩次造型，但沒有過去那麼愛跟流行。總之，八年級生不落後流行，但不會時時刻刻關注流行。

流行的力量一如既往地強大，但因為八年級生的流行週期很短，所以流行的威力正在減弱，哪怕人氣再高的事物，頂多只有一半的八年級生會感興趣，沒多久就會失去興趣。比起追流行，越來越多八年級生追求的是個人喜好。

相較於品牌，更愛網紅市場

網紅的藝人等級影響力

如果上一代問八年級生是誰的粉絲，答案絕對不會是某位藝人的名字。八年級生休息時看的是網紅（Influencer）影片，購物時會買網紅賣場的東西。網紅會觀察八年級生的反應，製作有趣的內容。八年級生和朋友聊天時，比起電視節目，更常提到 YouTube 頻道。YouTuber 為了方便與粉絲溝通，會替粉絲取名字，也會根據粉絲反應果斷地刪除已經製作好的影片。企業領悟到溝通的重要性，為了刺激消費者參與度，也跟著舉辦形形色色的行銷活動。

根據大學明日研究機構的調查結果顯示，72％的八年級生有追蹤 YouTube 網紅，49.7％的人表示追蹤了網紅的 Instagram。過去，人們好奇藝人的私生活、瘋追藝人的「追星」景象，現在出現在網紅身上。八年級生經常和朋友聊 YouTuber 相關話題。重量級 YouTuber 甚至擁有自己的獨有標誌或動畫角色，也會像藝人一樣製作、販售周邊產品。

主要上傳家庭情境劇形式影片，擁有二百五十萬訂閱者的 YouTuber Yang Pang 會自行製作周邊商品。此外，Yang Pang 大方公開本名「楊恩智」（音譯）的行為讓訂閱者倍感親切，訂閱者會關心 Yang Pang 的家人，也會替 Yang Pang 家人安排任務。Yang Pang 製作的周邊商品，如 Yang Pang 毛巾、Yang Pang T恤和 Yang Pang 帽T，獲得了良好的反應，她同時經營著「Yang Pang 店」賣場。網紅和藝人最大的不同點是，很多時候，網紅製作周邊商品的目的不是為了利潤，而是給粉絲的驚喜。

八年級生會買名牌服飾，也會買平時覺得很懂打扮的 Instagram 準名人（準藝人）推薦的衣服。金素姬（音譯）代表的 STYLENANDA 品牌[143]是準名人市場的成功神話，法國化妝品品牌萊雅集團（L'Oréal）以四千億韓元（折合新臺幣約九十四億元）收購 STYLENANDA。STYLENANDA 賣的不是商品，而是自己創造的感性文化。CNN把 STYLENANDA 評為韓國十大品牌，許多八年級生目睹了第一代 Instagram 網購服裝企業 STYLENANDA 的成功，對創業也躍躍欲試。

在大學明日研究機構的調查中，48.8%的八年級生學生回答有意願購買或使用網紅推薦的產品或服務；半數以上的八年級生（53.3%）回答在最近六個月內有過網紅或個人經營的賣場的購物經驗；61.7%的個人賣場購買者表示日後有繼續使用的意願。之所以會出現這種結果，是因為八年級生認可網紅或賣家是該領域的專業人士。八年級生認為美妝 YouTuber 推薦的化妝品，或健身 YouTuber 推薦的健身食品，有經過某種程度的驗證，具有可信度。

隨著人們關注網紅，電視節目也積極邀請網紅上節目。GAMST 是 FIFA 網路遊戲 YouTuber 兼足球頻道經營者，他在二〇一八年和韓國MBC電視台合作，擔

143 STYLENANDA：韓國著名網路服裝品牌，3CE是旗下美妝品牌。

任世界盃足球賽解說員，同時在線人數達到三十五萬人。經營「Physical Gallery」YouTube 頻道的健身 YouTuber 金雞蛋曾經出演綜藝節目《Running Man》。吃播 YouTuber tzuyang 和財經類 YouTube 申師任堂分別出演過綜藝節目《玩什麼好呢？》和電視節目《早晨庭院》。以上種種例子，有別於以往素人得透過大型經紀公司才能出演電視節目的情況。

最近 YouTube 節目的規模之大，不亞於電視節目。Physical Gallery 頻道的《假的男人》，光製作費就高達四千萬韓元（折合新臺幣約九十五萬元）。《假的男人》是《真正的男人》——藝人體驗軍隊生活的綜藝節目——的現實版內容，意思是想成為真男人的假男人們。在節目中，YouTuber 們接受了回絕過《真正的男人》節目邀請的韓國戰術諮詢公司（MUSAT）的訓練。MUSAT 是由韓國海軍特種作戰部隊（ＵＤＴ）退休軍人共同創立的民營軍事企業，訓練課程分成民間教育課程和專業部隊教育課程。《假的男人》共有七集，每一集的點擊率都超過五千萬次，人氣高漲。

賣八年級生想要的東西吧

八年級生一有空就看YouTube。根據《每日經濟》對Z世代進行的調查結果顯示，對於「有空的時候做什麼？」的問題，82.2%的八年級生回答「看YouTube」；一半以上（59.6%）的八年級生有訂閱YouTube、Instagram、AfreecaTV等各種社群頻道，並能回答五名以上經常觀看的內容創作者的網名；27.3%的八年級生能答出十名以上內容創作者網名。八年級生一有空就看內容創作者製作的內容，所以覺得他們很親切。

單人節目的核心是「溝通」。許多人會心血來潮想著「我也試著來當YouTuber吧」，不過通常在這裡就卡關了。這些人在影片裡單方面地展現自己的才藝，內容跟遠距教學一樣枯燥無味，站在觀眾的角度來看只散發老頑固的氣息，一點都不有趣，就算觀眾無意中點開影片，也會立刻關掉。（因為只要影片關得夠快，就不會被YouTube演算法推薦相關影片，YouTube能分析出每位訂閱者感興趣的內容。）越紅的YouTuber越會一對一回應留言，努力分析訂閱者感興趣之處。

YouTube 內容創作者和網紅也像偶像明星一樣，擁有粉絲俱樂部，即為「訂閱者」。隨著內容創作者與粉絲之間的溝通變得日常化，YouTuber 開始需要一個稱呼粉絲的詞彙，人氣 YouTuber 會用暱稱稱呼自己的訂閱者。YouTuber「Soviet girl in Seoul」的粉絲暱稱是「你們」，這個暱稱源自經典台詞「口口聲聲說著地獄朝鮮、地獄朝鮮的你們還算朝鮮人嗎？」；體驗各種打工的 YouTube 頻道「Workman」稱粉絲為「雜物們」；擁有四百萬訂閱者的實況主 Bo-gyeom 稱呼粉絲為「家族」。

企業不落人後，也加入這股重視溝通的趨勢。一樁八年級生之間的「迷因」事件就此誕生，那就是「家樂氏蔥味穀片事件」。二〇〇四年，家樂氏巧克力進行了「總統選舉」——牛奶巧克力黨代表切奇和蔥味黨代表查卡的對決。某一個網路社群因好玩幫查卡灌票，不過因為即將上市的產品早已內定為切奇，於是家樂氏公司刪除重複灌票，按原定計畫讓切奇獲勝。這件事很快地引發消費者抵制，不接受選舉結果的消費者持續要求家樂氏生產蔥味穀片，最後蔥味穀片在二〇二〇年正式上市。

早就醒悟這個真理的財經類 YouTube 中師任堂分享，不要先決定好要賣的東西，行銷不是賣我想賣的，而是賣消費者想要的。

不是吃超商便當，就是去飯店用餐

喜歡名牌的最吝嗇世代

如果說，看到八年級生享用昂貴食物、購買高價名牌的模樣，就說八年級生是YOLO族，比起為了未來而犧牲現在，更享受當下的話，我認為實際情況恰好相反。在各方面，八年級生極端節儉的情況更多。省吃儉用，是為了把錢投資在自我滿足的昂貴事物。八年級生經常旅行，會買名牌，有時會吃奢華美食。為了做想做的事，犧牲良多。如果單純以為八年級生是月光族，那就無法理解八年級生。

貧富兩極化是長久以來的問題。根據國際勞工組織（ILO）「全球勞動收入分配報告書」的數據，二〇一七年，48.8%的全體勞動所得被上層10%的人占據，下層50%的人的收入只佔全體勞動所得的6.4%。八年級生不認為個人能解決國際性問題，儘管不能成為有錢人，但想體驗有錢人的生活，就算沒錢也想買名牌，享受一下奢侈的快感。重點是因為不能每次都花大錢，除了想嘗試的事物之外，八年級生對剩餘的其他部分都很節儉。

按貝恩管理諮詢公司（Bain & Company）「二〇一八年全球奢侈品市場研究報告」的內容，二〇一八年33%的全球奢侈品市場銷售額由二十歲到三十歲族群貢獻。古馳（Gucci）是二十歲到三十歲族群最喜愛的品牌之一，二十歲到三十歲族群占了古馳的65%銷售額。現在陸續進入職場的八年級生這輩子無緣當個有錢人，但八年級生擁有名牌包、名牌表和名牌皮夾等等。八年級生不是YOLO族，一邊斤斤計較著性價比，一邊購買奢侈品，理由單純是為了自我滿足。

性價比又叫「心價比」，意思是相較於價格，能獲得高心理滿足。就算要花大錢，只要我能感到滿足就行了。八年級生反感於買錯一點東西就會被抨擊的氛圍。指責八年級生不量力而行的人犯了錯。八年級生認為反正花的是自己的錢，沒必要被干涉。八年級生無法合理說明為什麼購物，純按感性行動。因為每個人會被感動的點不一樣，就算別人說了，也模仿不了別人的感動點。

八年級生的消費趨勢是「選擇和集中」，買一個奢侈品，其他用便宜貨。皮夾買幾百萬韓元的古馳，但衣服買平價的 SPAO 或是買雜牌衣物。八年級生會嫌四千五百韓元（折合新臺幣約一百零六元）的超商便當貴，改買三千八百韓元（折合新臺幣約九十元）的，然後隔天去飯店吃一頓十萬韓元（折合新臺幣約二千三百元）的大餐。八年級生的消費不能一概而論，他們會在不能讓步的事上一擲千金，在其他地方省錢。

為了幫助大家理解，所以說得極端了點，但實際上不到那種地步，現實是沒錢買幾百萬韓元的名牌。重視褲子版型的人會買二十五萬韓元（折合新臺幣約五千九百元）的卡爾文・克雷恩（Calvin Klein）褲子，搭配一萬韓元（折合新臺幣約二百三十六元）T恤。大部分購物時間花在挑褲子上。

在美國時事週刊《大西洋》（*The Atlantic*）的報導中，將八年級生稱為「最吝嗇世代」，不買不必要的東西，就連購買需要的東西時也要找出最低價，然後靜待打折才購入。市調公司IRi的「消費者網路報告」指出，相較其他世代，八年級生受到打折或優惠券的影響更大，再麻煩也要找出更便宜的方法，把省下來的錢拿來買自己想要的東西。

PB（Private Brand）商品瞄準八年級生喜歡計較性價比的傾向而大舉成功。PB商品指的是超商等流通企業的自有品牌商品。No Brand超商[144]專賣性價比高的PB商品，因創造與現存超商的差異化而獲得成功。雖然有些商品能暢銷數十年，必有其過人之處，但基本上是因為人們習慣尋找從小就熟悉、慣用的品牌，畢竟花同樣的錢，選擇熟悉的品牌可說是人之常情。不過，對於處處要省錢的八年級生來說，差幾百塊韓元足以成為更換品牌的原因。

這種消費趨勢的代表事例就是美式連鎖餐廳的沒落。美式連鎖餐廳主要是想和家人或戀人吃一頓像樣的一餐而去的地方，但這對八年級生沒有魅力。八年級生對於「像樣」的標準提高，美式連鎖餐廳已無法達標；若說是去美式連鎖餐廳吃一頓

144 **No Brand 超商：**韓國大型超市 emart 的自有品牌。No Brand 超商是只賣 No Brand 商品的超商。

「簡單的」，似乎又太貴，不如多花點錢去昂貴的餐廳。VIPS 是韓國代表性美式連鎖餐廳之一，如今開始發展外送服務，進軍家庭即食調理包。中庸位置難以生存在現今市場。

只有一天的 Flex

「Flex」是八年級生用來形容奢侈的詞彙，每個八年級生至少都說過一次。這個詞先在美國流行，後來被 GIRIBOY 等韓國饒舌歌手使用，所以也在韓國流行起來。八年級生購買名牌或奢侈品後，會在 Instagram 上標記「#先 Flex 再說」主題標籤。在 Instagram 上，有二十二萬則貼文放上「#Flex」主題標籤，三萬則貼文放上「#先 Flex 再說」。購物後或吃了奢華大餐後會上傳這種貼文，不一定只有 YOLO 族才會奢侈，按自己的標準花大錢享受就是 Flex。

消費習慣的改變與經濟發展有關，最糟的情況是輾轉多份打工，餓著肚子但死不了。就算不努力，也不會淪落到窮得要死的程度，吃便宜的東西、穿廉價的衣服，是有可能活下去的，相較於過去吃不飽的時代，已算富饒。八年級生基本上是個人主義，不在乎別人的經歷、實力，不是不好奇，而是尊重彼此，認為以父母的職業和房屋坪數的多寡去衡量一個人，其實更累人。

反正錢是賺不完的，比起追求沒有盡頭的滿足，八年級生更喜歡把錢花在自己喜歡的地方，其他地方就追求極簡主義。世界變得越來越富裕，八年級生開始回顧自身，專注在日常上，只買必要的物品，忍耐著些許不便。八年級生的極簡主義是為了享受奢侈的過程，只是因形式極端才貌似極簡主義。省了又省，然後，先奢侈再說。

八年級生同時消費奢侈品和廉價品，在哪些地方花大錢，因人而異。男性買手表，女性買包，也有很多人經常旅行，用打工存的錢看演唱會，但在演唱會花大錢之前，處處節省支出。八年級生過著日常極簡主義與一次性 Flex 的生活。

便利付費——只要方便，再貴都買單

即食調理包和外賣市場的成長

越來越多八年級生大學畢業後就業，成為獨居族。以二〇一八年為準，韓國一人家庭的比例為29.3％，是占比最大的家庭型態。就算是現在住在家裡的人，也強烈想搬出家裡，獨立生活。以四人家庭為標準的消費規模不適合一人家庭，少量需求、少量購買更加經濟。因為是簡單吃一餐，超商便當也是很好的選擇。

此外，家庭調理包和外賣等「便利付費」市場也不斷擴大。以為自己親自下廚料理三餐，久而久之廚藝會進步，只不過是虛無的錯覺。獨居的八年級生每天只會做辛奇[145]鍋，即食飯沒了就補貨。平均來說，買小分量的食材比買四人份的食材更貴，而且做一次飯得吃上兩三天才能吃完，就算一開始覺得好吃，吃著吃著就膩了，所以獨居族通常下廚一兩次之後，就會寧願買現成的料理。

我的朋友小李一個人住，他對煮飯有興趣，所以剛搬出去住的時候常常下廚。他會使用大型超市APP一次購買五萬韓元（折合新臺幣約一千二百元）以上的單，夠吃一個月以上。不過一個月之後，他扔掉的食物比吃進肚子裡的還多，必須急著先吃有效期限短的食物。蔬菜只買小分量的話會太貴，如果說要吃好幾天的話，買一大把更划算，不過還是常常會剩下、丟掉。雖然他喜歡煮菜，不過因為食材分配不容易，仍舊常吃外食。

隨著一人家庭的增加，超市和超商開始販售小分量食物，例如兩顆剝好的洋蔥一起賣。隨著販賣單位的縮小，價格也跟著提高。用小份的價格買齊所有食材，不如直接買外食來得更便宜。站在賣家的立場，就算以四人家庭為標準賣的菜，也賺

145 辛奇：韓國已將「泡菜」正名為「辛奇」。

不了多少，更別說分成一人份銷售。再說，一人家庭的消費量不大，不適合作為目標客群。獨居族因為不清楚買的調味料能使用幾次，購買的時候也很苦惱，像是糖稀或鮮奶油那種偶爾用一次的調味料，很難一應俱全。

綜合上述考量，於是超商便當成為取代親自下廚的選擇。如果一一攻略多家超商的各式便當，吃到好吃的之餘，也能撐很長一段時間。《經濟新聞》某篇報導指出，CU超商的便當銷售成長率分別如下：二〇一二年為32.6％、二〇一三年為51.8％、二〇一四年為10.2％，二〇一五年為65.8％，並在二〇一六年實現約三倍的爆發性成長。人們的衛生觀念變好，不排斥把超商作為墊飽一餐的選擇。

家庭調理包和生鮮配送服務（Meal Kit）成了超商之外的選擇。根據韓國農水產食品流通公社（aT）的資料顯示，韓國家庭調理包市場在二〇一九年規模達到四萬億韓元（折合新臺幣約九百四十七億元），估計二〇二二年將超過五萬億韓元（折合新臺幣約一千一百億元）。現在和以前只有三分鐘料理包時期差很多，一般的料理都推出了調理包，就連很難做的牛排大醬湯或牛骨湯都能靠調理包簡單熱來吃。雖然八年級生不到常吃調理包的地步，不過算是介於自煮和外食之間的選項。

善用生鮮配送服務能享受到親自下廚的樂趣。這和微波爐加熱的食物或直接吃下肚的即食料理不同，總之，得動用到瓦斯爐才行。生鮮配送服務能大幅減少繁瑣的流程，配送來的食材包含了醬料，也有處理好的蔬菜，避免製造廚餘垃圾，所以相當方便，而且要洗的碗盤也不多。如果自己加點其他食材，還能提高菜色品質。想到是自己親手做的，吃起來也更美味。

八年級生挑，上一代買

雖然現在沒了，但以前有個叫「TADA」的搭乘服務。它不像一般韓國計程車一樣會挑客人載，用古典樂取代電台，司機不會向乘客搭話，乘客能舒服地乘坐。TADA是八年級生企圖改善人們搭計程車時感到不自在的情況所推出的服務，願意多付一點錢以換取更自在的乘車體驗。二〇二〇年三月六日，TADA禁止法（《旅客汽車運輸事業法修正案》）通過時，許多人深感遺憾，覺得儘管是為了計程車業好，但自己的權益被犧牲了。

八年級生阮囊羞澀。儘管偶爾會為了Flex而奢侈，但奢侈的對象不是計程車。雖然窮，但八年級生選擇搭乘計程車而非大眾交通工具的動機，是想滿足「舒舒服服地移動」的慾望，只要報出目的地，司機依照導航指示駕駛即可。有些司機老是問要去哪裡，讓八年級生感到疲累，甚至一聊起政治就打開了話匣子。雖然八年級生能理解司機的心情，不過就算只有短暫的時間也好，寧願多付些錢舒服地搭車，所以選擇了TADA。

花錢買方便，又稱「便利付費」。這不是八年級生之間會使用的單詞，而是專家分析趨勢時所使用的詞彙。「便利付費」[146]儘管就是結合「便利」（convenience）和「額外費用」（premium）這兩個詞，消費與否的標準取決於便利性。八年級生會在酷暑或雨天叫附近小吃攤的外賣，儘管只是點個辣炒年糕；明明過個馬路就有咖啡廳，但八年級生不會親自前往，而是叫外送。就算只點一人份的餐點，也樂於支付三千韓元（折合新臺幣約七十元）外送費。

洗碗機和微波爐也是「便利付費」商品，儘管可以自己洗碗，也可以自己用平底鍋熱菜，但有了洗碗機和微波爐會更方便。最近為了一人家庭，推出迷你洗碗機和乾衣機，也有把蔬菜分門別類切好並適量包裝的「炒飯用食材懶人包」。從洗衣機、乾衣機等高單價商品到小分量食品的懶人包，商品類型十分多元，由此可見，為了攻占逐漸擴大的一人家庭市場，各界陸續推出新產品。

Market Kurly 是一家新創生鮮電商公司。如果是從首爾、京畿、仁川地區下的訂單，今日訂、隔天凌晨送達，配送全程維持一定溫度，防止商品變質。Market Kurly 透過大數據預測訂單量，盡可能降低生鮮廢棄量，嚴格管理品質，加上快捷的配送服務，令消費者相當滿意。根據《東亞商業評論》報導顯示，二〇一九年 Market Kurly 新顧客回購率高達61.2％。將過去沒人進行配送的生鮮宅配到家，也算是一種便利付費服務。

追求便利不是八年級生才有的特質，只要是人都喜歡享受方便。雖然找到能方便一點的方法的人是年輕一代，但有錢的是上一代。若價格上升，年輕一代感受到的金錢壓力是大於上一代的。Market Kurly 的家庭調理包凌晨配送服務，60％以上

146 **便利付費：**편리미엄，直譯的話就是「便利 mium」，是韓文加上英文的合成語。

的使用者是四十歲到五十歲族群，超過二十多歲（15.8％）和三十多歲（14.2％）族群合計的兩倍。也就是說，上一代積極使用被年輕一代驗證過的便利服務，間接促進產業發展。

支持優質企業

樂意共襄盛舉，發揮善之影響力

個人表達社會信念稱為「Meaning Out」，這是「信念、意義」（Meaning）和「揭露」（Coming out）的合成語。隨著時間流逝，活動的威力會消退是正常的。雖然大眾無法週期性地關心每個議題，但八年級生展現出不會遺忘的意志，例如他們至今都未曾遺忘世越號事件，繫上了黃絲帶紀念。有人支持動保組織，有人關心環境保育。比起付諸行動的公益活動，八年級生更傾向在消費行為中體現價值觀。根據管理諮詢公司麥肯錫的調查結果顯示，在亞洲六個國家中，韓國的八年級生最積極於理念型消費。

首爾弘大的「真正義大利麵」餐廳免費為貧困兒童提供食物，被感動的八年級生透過實際消費表達對店家的支持。「幼苗卡」是政府發給未滿十八歲的貧困兒童的用餐卡，兒童持卡能在幼苗卡加盟店享用五千韓元（折合新臺幣約一百一十八元）以內的餐點。「真正義大利麵」老闆吳仁泰（音譯）知道有這張卡後打算申請加入，卻發現竟然限額五千韓元而感到生氣（只有五千韓元，孩子能吃什麼呢？）。實際上，因為錢不夠，很多孩子只能在超商解決一餐。出於反抗心理，「真正義大利麵」宣布免費供餐給持有幼苗卡的兒童。

個人做了原本是政府該做的事。八年級生在 Instagram 上傳造訪「真正義大利麵」餐廳的照片，替店家打廣告，這件事成為韓國全國焦點話題，共襄盛舉的店家變多了，咖啡廳和美容室等其他店家也一起贊助貧困兒童。儘管有些店家的目的是藉機宣傳，衝高營業額，但仍深受大眾好評。八年級生認為「善之影響力」很重要，親身體驗漣漪效應[147]，有著把價值觀與消費連結的強烈傾向。

AGIO 是聘請聽障人士製作皮鞋的韓國社會企業。韓國歌手李孝利主動在社群網站上傳自己穿上AGIO皮鞋的照片，並寫上「聽障人士們一針一線手工製作的AGIO皮鞋，真的太漂亮了」。八年級生習慣透過消費體現價值，熱烈響應之下，AGIO官網一度癱瘓。儘管大眾確實是因為李孝利才認識AGIO這個品牌，不過購買皮鞋的原因並非「藝人代言」，而是因為「AGIO是一家社會企業」。也就是說，邀請人氣藝人代言，並不代表該項產品一定會大賣。

韓國食品企業不倒翁（OTTOGI）也因為善行廣受歡迎，正直繳納繼承稅而受到稱讚。相較於其他想盡辦法不繳稅的財閥企業，不倒翁把所有員工聘為正職，誠信經營，不耍手段。和其他為了減少繼承稅而鑽法律漏洞的其他企業不同，結果看起來會永遠屹立不搖的農心辛拉麵被不倒翁金拉麵急起直追。不倒翁被稱為「不倒翁神」，通過消費支持企業的正派行為。

147 漣漪效應：Ripple Effect。指一段社會關係造成的影響，如漣漪般逐漸擴散的情形。

拒買運動是意見的表述

除了消費之外，同樣的道理也適用於價值觀。過去的拒買運動是一瞬間的，如今則是長期且持久的。從二〇一九年八月開始的拒買日貨運動，持續了一年多。日本將韓國移出貿易白名單的那個週末，韓國人民在首爾光化門廣場舉行示威。儘管示威民眾達一萬五千多人，但當中沒多少八年級生。八年級生的拒買運動不是「絕對不買這個」，頂多是「既然現在是這種情況，希望你也能買別的」的程度。如果對方硬要唱反調購買，八年級生也不會責備對方，因為個人的選擇應當受到尊重。

拒買日貨運動的代表拒買目標是優衣庫（UNIQLO）。一開始優衣庫自信十足地認為拒買運動不會持續太久，然而實際情況是優衣庫受到重挫，最終關閉十五家韓國店面，旗下副牌GU退出韓國市場。當時韓國的社會風氣是，哪怕只是踏入優衣庫的店面也得小心翼翼看人臉色。網路上流傳著呼籲大家抵制的日本企業清單，企業們為了不被列入清單中，紛紛強調和日本沒關係，也有許多人取消日本旅遊計晝。雖然隨著時間的過去，抵制傾向稍微減輕，但仍持續著。

八年級生覺得日本和韓國差不多，雖然不認為韓國凌駕日本，但起碼不會自卑。想起過去殖民地時期。日本對待韓國的態度當然會讓他們感到生氣。但不希望拒買運動會演變成對日本整體的反日仇恨。自從拒買日貨運動開始，根據韓國蓋洛普民調的調查，51%的二十多歲族群表示對日本人有好感。拒買日貨運動的意義是要求日本「政府」改善態度，而不是無條件吵到底，八年級生清楚這不是日本人「個人」的錯誤。

透過消費表達意見不是韓國獨有文化。二〇二〇年，美國警察暴力鎮壓行徑導致黑人男性喬治・佛洛伊德（George Floyed）死亡，這起事件令全美民眾關注種族歧視議題。不只美國，世界各國紛紛發起反種族歧視示威活動，認為如果是白人，警察才不會執法過當。美國足球選手科林・卡佩尼克（Colin Kaepernick）在比賽前的美國國歌演奏時，拒絕起立，反而是單膝下跪，以示對種族歧視的抗議，他因為這起事件遭球隊封殺。

卡佩尼克成為反種族歧視的象徵後，獲選為運動品牌 Nike 的新廣告代言人。

Nike沿用了三十年的口號「做就對了」（Just Do It.），換成了「就一次，別這樣做」（For once, Don't Do It.），透過廣告傳達了關於種族歧視的訊息。根據《紐約時報》（*The New York Times*）的報導，Nike 新廣告代言人卡佩尼克替 Nike 帶來價值四千三百萬美元（折合新臺幣約十一億九千萬元）的宣傳效果。愛迪達（adidas）和古馳等其他企業目睹 Nike 的成功，紛紛加入反種族歧視活動。這就是利用了八年級生喜愛賦予消費具備意義的傾向。

然而，這類宣傳手法絕非易事，因為是 Nike 才可能辦到。美國星巴克禁止員工穿反種族歧視的T恤，最終成為大眾拒買的對象。臉書沒刪除美國總統川普的發文——「一旦發生掠奪，軍方就會開槍鎮壓」（When the looting starts, the shooting starts），導致民眾抵制臉書。民眾把臉書和馬上刪除川普推文的 Twitter 作比較，高下立判，臉書的重要廣告主可口可樂與聯合利華紛紛暫停在臉書的廣告投放。由此可見，即便是規模大如星巴克、臉書的企業，假如沒能即時正確地掌握趨勢，也會蒙受虧損。

對八年級生而言，消費不是單純地購買必需物品，而是意見表述——支持優質企業，或是拒買違反個人價值觀的企業產品。八年級生重視透過消費以延續「善之影響力」。

第五章

攻克八年級生的推銷手法

攻克千禧世代的爹地媽咪

我和孩子的人生都不能放棄

時至二〇二〇年，八年級生陸續邁入而立，不再年輕。隨著八年級生到了該成家的年紀，兒童產業的焦點也轉移到八年級生身上。無論哪一個世代，大方砸錢投資孩子的心態都是一樣的。儘管新生兒數正在減少，但兒童產業日益壯大。八年級生不想為了孩子犧牲自己的人生，偏好藉助方便調理包和乾衣機等各種機器的力量以確保自己的時間。

父母把自己的心願投射到孩子身上是人之常情，他們會支持孩子，希望子女能過著自己嚮往的生活。重視橫向關係的八年級生渴望成為孩子的朋友，其下一代受到上一代的影響，也不排斥花錢買內容。八年級生重視體驗，連帶影響到教養方式，想讓孩子體驗許多事，和孩子共享一定程度的價值觀。

八年級生的子女被稱為「α世代」（Generation Alpha），同時也是Z世代的下一個世代，因為X世代、Y世代一路取名下來，英文字母表的最後一個字母「Z」用掉後，便採希臘字母表的頭一個字母「α」開始命名。α世代被視為人工智慧世代，以二〇一一年 Apple 人工智慧助理軟體 Siri 上市年分為準，指的是二〇一一年到二〇二五年之間出生的孩子。雖然社會普遍認為α世代年紀還小，無視於他們，不過他們有很大的社會影響力。α世代多在線上消費，甚至在線上生產。他們習慣與機器對話，更傾向在線上解決一切問題。

創造驚人利潤的 YouTube 頻道大多是兒童頻道。全球廣告收入最高的 YouTube 頻道是二〇一五年開設的「瑞安的世界」（Ryan's World，前稱為 Ryan ToysReview）。二〇一八年，該 YouTube 頻道廣告收入為二千二百萬美元（折合新臺幣約六億一千萬元），不含玩具評論贊助等廣告收入。以二〇一八年為準，韓國國內收益最高的是「Tom Tom Toys」，其次是「Carrie TV2的玩具朋友們」，兩者都是兒童頻道。除此之外，經營「Boram Tube」的YouTuber購入首爾江南區價值九十億韓元（折合新臺幣約二億一千萬元）的建築，人人眼紅。

經常請吃飯的漂亮媽媽

新生兒數正在減少，兒童產業日益壯大，這意味著每個孩子都有驚人的影響力，平均一個孩子的消費支出大幅增加。α世代所花的錢多半來自八年級生，要吸引孩子掏錢購買，就得強調孩子能體驗的部分。兒童產業的基礎是「內容」，廣告商得擺脫讓顧客擁有某項具體物品的傳統概念，才能精準地接近時下的顧客。

首先，廣告商得把孩子當成直接目標客群，製作孩子會喜歡的產品和內容。由八年級生所組成的家庭多是雙薪家庭，平日需要值得信賴的托嬰地點，假日則需要一個能讓孩子放電，自己又能休息的場所。根據韓國僱傭勞動部的研究結果顯示，親子咖啡廳的數量從二〇一一年的一千一百三十家增加到二〇一八年的二千三百家，呈現雙倍以上的增長。數年前，兒童產業就被稱為「紅海」，但至今仍持續成長。廣告商銷售孩子能直接消費的產品，同時又能瞄準八年級生的錢包。

廣告商的第二個目標客群是身為父母的八年級生。八年級生經常旅行，自由自在地成長。儘管身為父母的八年級生認為自己的時間很重要，但現實條件不允許他們擁有私人時間，畢竟帶著嬰兒或小孩，能做的事也不多，萬一孩子哭鬧，又得承受來自四面八方的視線；要是把孩子托人照顧，自己出門，又會覺得有壓力。八年級生需要能親子同行的療癒空間，而這種需求可以藉由飯店度假達到滿足。實際上，八年級生入住飯店不全是為了孩子，而是因為他們很習慣在飯店度假。如今，飯店致力打造讓大人小孩都滿意的環境，像是設置兒童專用泳池、安排孩子們喜歡的自助餐菜色、經營親子活動等，上述這些都是為了被孩子綁住的八年級生父母所量身打造的最佳服務。現在提供親子友善環境的飯店越來越多。

以一人家庭為主力客群的方便調理包，也相當受到育兒父母的歡迎。在金蘭都教授的合著著作《二〇一九韓國趨勢》[148]中，他仿效 JTBC 電視劇《經常請吃飯的漂亮姐姐》劇名，將千禧世代媽媽稱為「經常請吃飯的漂亮媽媽」。自己下廚比較經濟實惠，但不強求餐餐下廚，而是採取購買現成的熟食或使用方便調理包等替代方案，以確保自己的時間，多出來的時間則會去做自己想做的事。

過去，沙發和電視讓家人齊聚一堂，如今兩者的作用正在減弱，反而是看 YouTube 的時間比看電視還長，而且想看的電視節目也可以在 Netflix 觀看。相反地，家裡出現許多幫忙節省時間的機器，像是乾衣機、洗碗機和掃地機器人，這些機器成為家家必備的生活家電，被稱為「三新家電」。這三種機器的共同點就是能大幅減少家務勞動，可說是「再貴也願意砸錢購買以確保自己時間」的意志所造就的市場。

最近新蓋的大樓多設有「α房」（α-room）。α房指的是把原本作為倉庫的空間拿來當成小房間使用。人們會喜歡α房，是因為重視興趣喜好。愛打電競的夫妻，會把α房裝潢成網咖；對時尚有興趣的夫妻，會把α房設計成衣帽間。α房是八年級生置產後，能因應家中裝潢風格恣意打造的區塊。

八年級生是流行傳播者

共享興趣的X世代與千禧世代

每個世代都不是完全獨立的，會與另一世代相互影響，家人之間的影響力更大。經濟越是不景氣，家人之間就越是緊密。小時候，父母世代帶給兒女世代影響，等到兒女世代長大到不再需要依靠父母世代，則會反過來對父母世代造成影響。也就是說，若能創造同時適合兩個世代的品牌，就能產生協同效應。

148《二〇一九韓國趨勢》：《트렌드 코리아 2019》，ISBN：9788959895526，Miraebook 出版。

哈佛商學院教授約翰・韋爾奇（John Welch）表示，在經濟不景氣時，行銷應聚焦於「家庭價值」，越是困難的時期，人們越容易依賴家人。韓國的經濟成長停滯多年，總會聽到人們說經濟不好，而實際上也是如此，因此人們依賴家人的比重增加。當八年級生長大成人，對父母單方面的依賴轉變為雙方面。兩個世代的經濟產生一定程度的相互影響，購買東西的時候，父母跟子女會交流意見，互相推薦。

原先瞄準某一特定世代的品牌，已成功打入其他世代。韓國美妝店 OLIVE YOUNG，多年來都是二十歲到三十歲的年輕族群所喜愛的品牌，但隨著時間的推移，四十歲以上的中老年客群正在流入，而且他們不是買來送人，而是自用。二〇一二年，OLIVE YOUNG 的中老年客群銷售額為6.8％，六年後，也就是二〇一八年的上半年占比成長為為20.7％，不容忽視。中老年客群不但會買維他命等各種保健用品，也會購買唇釉之類的彩妝用品。

二〇一八年，以三十多歲為目標客群的服裝品牌 ZISbuy，和以五十多歲為目標客群的 zishen，這兩個品牌的合併賣場開幕，首月就創下二億七千萬韓元的銷售額（折合新臺幣約六百三十萬元）。過去，行銷人員學到的知識是品牌應當針對特定客群，對於習慣細分客群並加以分析的他們而言，對此賣場的成功感到陌生。如今，綜合型賣場大舉攻占市場，成為母女可以一起購物約會的地方，成功地掌握了洞悉趨勢的八年級生，以及會從八年級生處獲得最新資訊的上一個世代。

根據美國電信公司斯普林特（Sprint）進行的「行動的關鍵時刻」（Mobile Moment of Truth）研究結果顯示，比起其他世代，八年級生分享付費內容的傾向更為強烈。換言之，八年級生對於他人的消費決策影響甚鉅。正如八年級生因個人主義造就的強烈自我主見性格，他們喜歡和他人分享自己的選擇，藉由分享自己的消費內容以感受歸屬感。

八年級生的父母還很年輕

八年級生的父母屬於八六世代到X世代這段區間。在每一個國家和每一段歷史中，年輕一代都會被稱為國家的未來。不過，從韓國的歷史來看，沒有比八六世代更賣力塑造世代形象的了。即將退休的八六世代正在準備第二人生，是現在市場最大的，適合作為目標客群。根據二〇一七年韓國統計廳的統計結果顯示，五十歲到六十九歲間，每十人當中有七人（71.7%）在退休後想繼續工作，過去賣力賺錢糊口，老來要做自己想做的事。

擁有四十萬訂閱者的「Korean Food Recipes」YouTuber 趙成子[149]，是一名平凡的家庭主婦，Korean Food Recipes 是一個介紹韓式料理的烹飪頻道。此前還有過朴末禮奶奶變成了網紅阿嬤，正過著第二人生的實例。即便不是像上述這兩種特殊的例子，八六世代也有自己想做的事。首爾大學消費趨勢分析中心調查了八六世代在展開全新職涯時會重視的事，五十多歲的人和六十多歲認為「變通性、成就感、樂趣等，關於自我實現部分至關重要」的人，占比分別是56.8%與74.5%。

倘若單純認為「我們是經營休閒娛樂的文創產業，目標客群應該是年輕一代」，這麼想的話就錯了。八年級生樂於身先士卒，搶先嘗試獨特或另類的事物，只要證明其樂趣，他們就會口耳相傳、分享給親朋好友，而其他世代受到影響，也會跟著積極嘗試。二〇一九年ＫＢＳ新聞報導指出，藝文活動參加率最高的年齡層是五十多歲到六十多歲的人，其中77%的男性和89%的女性每年至少會參加一次藝文活動。由MZ世代證明其樂趣，從而推銷給上一個世代，這也是行銷策略之一。

至於，普遍認為中老年產業成功率低的原因是什麼呢？這是刻板印象。覺得中老年客群的年紀較大，跟年輕一代「不一樣」？除了推銷他們能解決身體不適的產品和保健食品之外，就不打算推銷其他商品？實際上，雖然八年級生的父母和八年級生之間必然存在差距，不過兩個世代的興趣愛好差距其實沒有想像中那麼大。一般認為父母世代退休後喜歡搬到安靜的鄉下住，那是種偏見，是舊時代的想法。現在大部分的父母退休後也不打算離開城市，而是會繼續和八年級生一起生活，相互交流。行銷的時候，如果總是對八年級生的父母強調年紀，那麼就會被忽視。

廣告商不用刻意去做過去不做的事，假如打著「替老人家服務」的口號，只

149 **趙成子**：音譯，조성자。YouTube頻道名稱為「심방골주부Korean Food Recipes」。

會招致反感。以現有的服務為基礎，加上一些關懷，就足以重生為優質服務。The Hyundai.com 是韓國現代百貨的網路購物商城。二〇一九年，現代百貨將網站字體放大約30％，圖片數增加三倍以上，加強上一代主要關心的保養品與保健用品的行銷，結果五十歲以上的客戶銷售額增加了51.8％。由此看來，只需消除上一代使用現有產品的不便性，便足以實現創新。

驅動八年級生的內容行銷

八年級生躲開廣告的方法

隨著數位化的發展，個人化網路廣告也越來越多。不管連上哪一個網站，都得忙著過濾廣告，八年級生之間甚至會分享避開廣告的好方法。現在能引起八年級生反應的是「內容行銷」，廣告商必須製作有意思的廣告，消除八年級生對廣告的排斥。舉例來說，韓國外賣APP「外賣民族」設置了「品雞師」（炸雞鑑定師）資格考試，此一考試的目的並非為了刺激銷售，而是為了討消費者歡心才舉辦的活動。隨著八年級生對廣告的了解逐漸精通，廣告商的行銷手法也變得日益高明。

八年級生厭倦廣告，連上社群網站就會彈出廣告，看 YouTube 會被插入廣告，甚而走出家門會看到戶外廣告。因為存在太多拉攏顧客的廣告，平凡的廣告往往入不了八年級生的眼，以致廣告變得越來越具刺激性與煽動性，讓人看了直皺眉頭。越是如此，八年級生對廣告的反感就越強烈，形成惡性循環。廣告早已滲透八年級生生活的大多數領域，因此區分出真正資訊和廣告訊息的能力是必須的，八年級生會邊閱讀文章，邊揣測現在看的究竟是不是業配文。

八年級生會透過 NAVER 搜尋引擎尋找感興趣的商品資訊。當八年級生找到很多篇部落格的使用心得，發現其中提供許多重要內容，於是興致勃勃地一路看下去，直到頁面底部才看見「本文為品牌贊助合作文章」這句話，瞬間洩氣。從此，八年級生學乖了，瀏覽部落格文章時，會先拉到最下方確認，而每一篇文章下方都有同樣的廣告贊助字句。當八年級生覺得受騙時，就會打消購買該商品的念頭，更嚴重的話，還會因為廣告而考慮是否要離開正在使用的平台，由此可知，八年級生承受的廣告壓力有多大。

「我錢我買」指的是我花我的錢買的，換言之，沒有收費替廠商打廣告。八年級生為了避開業配文，轉而搜尋「#我錢我買」主題標籤，有時因為廣告商不能使用低俗語，還會刻意搜尋夾帶低俗語的主題標籤。這種方法有一陣子很管用，但隨著廣告商發現八年級生避開廣告的方式後，廣告手法就又變得更加巧妙。現在就算發文者聲稱不是業配文，八年級生也無法全然相信。哪怕主題標籤夾帶了低俗語，也不能保證該貼文絕非廣告。廣告商能在第一時間察覺人們不喜歡的東西，所以他們不再勉強製作容易引發消費者反感的廣告，轉換策略以迎合消費者喜好。

廣告商的新策略就是，大方表露這是廣告，又不招人反感。臉書粉絲專頁ADvertisingKim指出：「顧客並不討厭廣告，討厭的是無趣的廣告。」廣告商不斷灌輸大眾不想接收的資訊，才造成了排斥反應，如果廣告內容真的有趣，就算是廣告，八年級生也會分享給朋友。最理想的廣告是消費者自己打的廣告，又稱「口碑行銷」。

「讓LG氣噗噗之歌（作為週六加班的代價，哈哈）」就是一支消費者會主動找來看的廣告。在這支廣告影片中，員工嘲笑公司「LG行銷組應該只是進行確認而已吧」，以及員工披星戴月趕回公司加班的悲傷故事等，藉由員工感到煩躁的一些小故事，另加幾項產品特色，整支影片就結束了。有趣的是，觀眾紛紛主動留言擔心影片製作人的處境，這就代表這支廣告成功了。廣告商考慮到消費者的樂趣，正在做出相當大的讓步，必須做出更特別或是更多讓步的內容，才能在眾多有趣的廣告中嶄露頭角。

「外賣民族」參照了解紅酒並負責推薦紅酒的「侍酒師」機制，制定了「品雞師」資格考試。「外賣民族」並未特別誘導人們參加考試，但自認對炸雞的知識不輸於人的群眾自動自發地報考，最後共有五十七萬人報名，實際應考人數為五百人，最終合格人數則是四十七人。其實，經營一家公司優先考慮的是收益，但廣告的目的太明顯會造成消費者反感，倒不如凸顯趣味感、大方廣告，也不失為一種方法。

上述這些類型的廣告，就是八年級生會主動找來看的。如果自己喜歡的頻道置入廣告，而那個頻道的人氣不高，那麼八年級生會樂意收看廣告，作為恭喜頻道有了廣告收入。反之，如果那個頻道的人氣本來就很高，廣告也很多，那麼八年級生就不會再刻意收看廣告。實況主把業配稱為「作業」，意思是既然收了錢就得達成廣告商希望的效果。每當遇到實況主在宣傳某項產品時，觀眾往往會先留言提問：「是『作業』嗎？」接著會幫忙留言說：「這個商品的CP值爆表！」最後，則是再留言開玩笑地說：「把匯款帳號發給你就行了吧？」

八年級生，了解之後才知道是廣告專家

八年級生對廣告的了解，超乎外界想像。他們雖然不懂「每次點擊成本」（Cost Per Click，簡稱 CPC）諸如此類的專業用語，但他們卻很清楚每點擊一次關鍵字廣告，廣告商就會支付廣告費用。八年級生知道標有贊助商的 Instagram 貼文就是廣告，也知道不跳過 YouTube 廣告能增加該頻道的廣告收入。八年級生會刻意不跳過廣告，以幫助喜歡的頻道增加廣告收入。因為八年級生知道哪些內容是廣告，所以就算被吸引了也絕不會點擊。世界上的廣告五花八門、層出不窮，但會對八年級生產生影響的只有「內容行銷」。

所謂的內容行銷指的是，製作、上傳的文章或影片是足以滿足消費者需求的優

質資訊。人們出自不同動機訂閱 YouTube 頻道、雜誌和報紙，有時純屬找樂子，有時是為了累積特定領域的知識。廣告商若希望八年級生看廣告，就得免費提供這些優質內容，同時插入廣告。透過這種方式，能把單純的消費者轉化成品牌愛好者。

如果廣告商決心進行內容行銷，那麼就該把眼光放遠，因為內容行銷是不會有短期效果的行銷手法。內容行銷的平台不拘，部落格、臉書、Instagram 或 YouTube 等都可以。70％的內容需與廣告商品無關，而是提供消費者真正想要的資訊；20％的內容回應消費者回饋事項，上傳能創下高點擊數的熱門內容；只能有10％的廣告。為了上傳一支廣告，需盡到製作九個內容的努力才行。

內容行銷要達到高利潤和好成效，需要一段很長的時間，不是草率地「先試試看再說」就能涉足的領域。要進行內容行銷，就得回覆消費者留言，或進行其他的溝通交流。如果不回應消費者或是留下奇怪的回應，那倒不如不做。理論上來說，行銷不應該滿足所有人，應該集中在單一客群，滿足少數人即可，但這不僅在實務上不切實際，從公司整體立場來看，也無利可圖。因此，行銷必需進行事前調查。

製作廣告的目的不能只為了傳達商品資訊，因為八年級生習慣避開廣告，廣告商得先提供八年級生想看的內容，才能減少反彈。廣告要能有趣到讓八年級生明知這是廣告卻非看不可，如果有人留言「這個廣告商是不是還蠻不賴的？」，那就表示成功了！這種留言在現實中是存在的，而且不少。內容行銷的難度很高，而且不好依循，廣告商應該慎重考慮和應用。

Instagram 行銷是必須的

用圖片誘惑，用體驗招攬

Instagram 是以圖片為基礎的社群網站。雖然 Instagram 具有發文和標記主題標籤的功能，不過使用者主要目的是看圖片，看到感興趣的圖片才會進一步瀏覽內文。在 Instagram 介面上，看圖比看字還要方便，而且八年級生主要使用的平台都以圖片為主。時尚購物 APP「Zigzag」，首頁先曝光商品圖片，使用者點擊後才能閱讀詳細資訊。目前已有相當多的 Instagram 行銷相關研究，接下來該討論的是如何適當運用。

以二〇二〇年為準，八年級生主要使用的社群網站是 Instagram。八年級生會把希望自動刪除的日常照片上傳到「限時動態」，希望永久保存的照片則是直接發文。八年級生瀏覽照片時，只能看到第一行內文，必須點「更多」才能看見整篇文章，也就是說，對於不感興趣的照片就不會點「更多」，如果是贊助廣告就更不會按。廣告商得上傳八年級生即使知道是廣告，但還是會好奇點進去看的照片才行。

Instagram 使用者愛拍照，拍照已經內化為習慣。餐點上桌，先拍照再動筷，必須等到餐點上齊了拍完照，大家才能開動。萬一有人沒多想，直接開吃，也許會怨聲四起。八年級生拍了一大堆照片後，只會挑選最好看的上傳 Instagram。不過，在二十五歲之前會做這種事的人很多，隨著時間推移，這些人正在逐漸減少。在某種程度上已經落實的 Instagram 行銷方法，大致分成以下四種：

第一種方法是「贊助行銷」（Sponsor Marketing）。這是常見的 Instagram 付費行銷手法。從 Instagram 主頁往下拉，在一長串的朋友貼文中會夾帶廣告，廣告圖片上方寫有「贊助」字眼的就是贊助行銷。就像一般使用者一樣，贊助行銷廣告可一次上傳多張圖，也可上傳短影片。使用者點進去就會直接連到購物網站，贊助行銷的最大優點就是能精確瞄準目標客戶。

精確瞄準是行銷的基本，沒有任何一樣商品是人人都適用的。贊助行銷會設定目標客群年齡層以及感興趣的主題，從而鎖定目標客群。廣告商可以考慮使用者首次加入Instagram時設定的感興趣主題，藉由分析使用者愛看的圖片與影片特性，製作類似的廣告。此外，廣告商打了廣告，會收到該廣告得到多少「讚」、曝光次數有多少等洞察報告。贊助行銷的缺點是，相較於曝光次數，實際行銷效果較小。因為使用者事先知道這是廣告，很有可能順手滑過不看。

第二種方法是「主題標籤行銷」（Hashtag Marketing）。這是把客戶變成行銷人員的高級行銷手法。例如客人上傳餐廳的照片，並加入餐廳名主題標籤，餐廳就會另有招待，從客人自行上傳文章，標記主題標籤這一點看來，可視為一種主題標籤行銷。然而，這種方式屬於最簡單的主題標籤行銷，客人回頭刪文就無法獲得實際效果。一旦客人覺得自己是在幫店家打廣告，行銷就不算成功。

中堅企業和大企業會進行「真正的」主題標籤行銷，像是舉行遊戲，讓消費者投入遊戲，自願在發文裡標註商品相關的主題標籤。舉例來說，每日乳業曾舉辦「牛奶裡的一個字」活動，每個牛奶盒都隨機印有明顯的一個字，消費者將牛奶盒上的字拼湊成詞，拍照上傳到社群網站，搭配韓國超商定期舉辦的「買二送一」活動，加入行銷贊助行列。每日乳業讓消費者主動標註商品名的主題標籤，其他使用者也能看見別人利用牛奶盒所創造的詞語。消費者不會對這種行銷活動反感，反而覺得有趣，樂意天天上傳貼文替每日乳業打廣告。

第三種方法是「體驗行銷」。比起預算越多越有利的贊助行銷和主題標籤行銷，體驗行銷相對適用於小規模行銷。體驗行銷是廣告商提供商品給體驗者，讓體驗者在 Instagram 上傳和商品的合照。這種行銷不僅限於 Instagram，部落格和 YouTube 等各大平台也都會進行。然而，如果沒有清楚寫明這是廣告的話，容易引起隱藏業配廣告的爭議。如果廣告商是小型事業體，不妨先找報價五千到二萬韓元（折合新臺幣約一百一十元到四百六十元）的 Instagram 微型網紅；若想邀請 Instagram 追蹤人數達數十萬的藝人或網紅打廣告，就得做好花費數千萬韓元的心理準備。體驗行銷是可以隨著公司財務情況而調整的宣傳方法。

第四種方法是「Instagrammable Marketing」[150]。「Instagrammable」由「Instagram」和「-albe」（夠格、值得的）所組成，也就是「值得上傳 Instagram」之意。比起實際上會使用的單字，這更近乎行銷專業術語。「Instagrammable Marketing」主要用在實體店的情況。如果各位曾去過桌子高度比椅子還低，坐起來很不舒服的網美咖啡廳，那就是採用這種行銷方式的咖啡廳。比起個人的舒適度，拍出美照才是餐廳裝潢的首要考量。雖說坐久不舒服，但這類咖啡廳就是為了拍照才去的。

「人生照相館」是號稱在那裡能拍出人生中最值得紀念的照片的展覽。不過縱使看到別人拍出來的照片不錯，但實際去拍，會發現現場也沒什麼大不了，只有拍照的空間布置得很漂亮。照片拍得漂亮，不代表展覽的整體品質好。不過，當人們看見漂亮的照片，自然而然地會入場，不用另外花錢打廣告。這種行銷手法的缺點是難度高，因為最近到處都有裝飾得很漂亮的拍照打卡區，難以突破激烈競爭，獨占鰲頭。

八年級生和品牌加好友

廣告商看準八年級生愛用圖片為主的社群網站。Zigzag 是八年級生女性愛用的APP之一，彙整許多購物商城，一站搞定，消費者不用再費力瀏覽其他商城。Zigzag 和 Instagram 差不多，主頁是一長串的商品照，看不到商品詳細資訊，消費者只需要滑商品照，看到有興趣的服裝再點入瀏覽詳細資訊即可。雖說詳細資訊很重要，不過照片才是引起消費者注意的關鍵。

Instagram 有「粉絲」和「追蹤中」。「粉絲」是追蹤該帳號的人，「追蹤中」是該帳號追蹤的人。大概每個人都喜歡粉絲比追蹤者還多的情況，兩者差距越大，該帳號使用者就越威風，因為這意味著很多人正在關注。然而，廣告商對此感到煩惱，因為用企業帳號追蹤他，企業會有壓力，但不追蹤，看起來又像廣告帳號，而消費者沒理由追蹤廣告帳號。

150 Instagrammable Marketing：為新興詞彙，尚無中文翻譯。

不用在意社群帳號的加好友也沒關係。根據市場研究公司弗雷斯特（Forrester Research）的消費者心理分析專家賈桂琳・安德森（Jacqueline Anderson）所言，八年級生不喜歡和企業品牌加好友，準確來說是「討厭」。以臉書為準，想和品牌帳號加好友的年輕人只有6％。雖說經營企業帳號的人得增加好友數，才方便回報上司，所以不得不加，但應該考慮到加好友的宣傳效果微乎其微。

無論廣告商選擇哪一種方法，最重要的終究是印象，令人印象深刻的印象才能促使消費者點擊，這也是為什麼目標客群是八年級生的企業，會打造以圖片為主的平台。

根據用途選用社群平台

雖然不玩臉書，但是會用臉書 Messenger

臉書不是八年級生最早接觸到的社群網站，而是先從 Cyworld 到臉書，最後在 Instagram 扎根；而聊天工具則從 Buddy Buddy[151]、Nate On，然後到 KakaoTalk，不過最近又轉移陣地到臉書 Messenger；至於八年級生觀看串流媒體直播的愛用平台則有 AfreecaTV、Twitch 和 YouTube 直播。以上這些都是八年級生會用的平台，

151 Buddy Buddy：早期的通訊軟體，類似MSN。

各有特色。只要觀察八年級生迄今使用社群網站的趨勢，就能更進一步理解八年級生。

社群網站變化迅速，以致八年級生當中也要區分。二〇二〇年，當時年齡介於二十五歲到三十五歲之間的八年級生開始接觸到 Buddy Buddy，那時候智慧型手機還不普及，所以八年級生得用電腦才能開 Buddy Buddy 進行對話。Buddy Buddy 在九〇年代中期流行一陣子後，八年級生就陸續跳槽到 Nate On。出生於九〇年代後期的人通常沒用過 Buddy Buddy，當他們遇上九〇年代初期出生的人，往往心想「難道他是 Buddy Buddy 世代？」，因而感到有隔閡。後來，八年級生就一直使用 Nate On，直到 KakaoTalk 成為主流。八年級生不只手機上安裝 KakaoTalk，也會安裝電腦版的 KakaoTalk。

和 Buddy Buddy 同時期的社群網站是 Cyworld。Cyworld 提供使用者上傳照片的功能，還設有讓用戶能自行裝飾的「個人迷你主頁」。因為當時八年級生年紀還小，還不懂得如何好好地裝飾個人迷你主頁，反而是六年級生和七年級生更了解 Cyworld。之後有一段時間，使用者大舉移往臉書，紛紛玩起臉書。Instagram 剛登場時，曾有過一段與臉書共存的時期，如今大部分八年級生都在玩 Instagram。八年級生從臉書轉往 Instagram 的原因之一是「廣告」，臉書的廣告多過內容，於是八年級生轉移陣地到廣告相對較少的平台。現在 Instagram 也被廣告洗版，八年級生之所以還留在 Instagram 的原因是——還沒有出現新的社群網站。

根據綜合數位行銷公司 DMC Media 的「二〇一八社群媒體使用型態與廣告接觸態度分析報告」結果顯示，二〇一七年，韓國人使用社群媒體的時間為每日平均四十二．九分鐘；二〇一八年，每日平均三十五．五分鐘。短短一年的時間，已減少七．四分鐘的使用時間，尤其是臉書的使用時間，從六十二億分鐘大幅減少為三十七億分鐘。使用者離開臉書的最大因素是廣告，而 Instagram 也有相同的現象。八年級生領悟到：無論使用哪一個平台，廣告都會隨之而來，所以也有些人傾向不使用社群網站。

TikTok 是中國開發的應用程式，而且已是高人氣的短影音平台。有些長輩看到新聞後會問：「聽說現在的年輕人都玩 TikTok？」老實說，八年級生也不了解 TikTok，就算是二十歲出頭的一九九〇年生，也是透過新聞才知道 TikTok。出生於二〇〇〇年代中後期的孩子才會使用TikTok，相當於Z世代後半以及二〇一一年之後出生的α世代，這兩種人才會使用TikTok。不過，這些人現在大多是國小生，所以若問八年級生關於TikTok的想法，八年級生也不會知道。

KakaoTalk之所以受到讚揚，是因為它提供了革命性的服務：免費傳訊。過去，傳簡訊得擔心簡訊費，因此不敢隨便發簡訊的八年級生很快就接納KakaoTalk。如今，想發多少條訊息就發多少條，有別於過去每個月得細數簡訊數的日子。可是，在這裡會碰到一個問題，那就是十年過去，難道現在還是只有KakaoTalk提供免費傳訊服務嗎？八年級生現在之所以還持續使用KakaoTalk，純粹只是因為用慣了，而且就算自己改用其他通訊軟體，但萬一其他人沒有一起跟上，豈不是白忙一場？

外界很常誤以為韓國人人都用KakaoTalk。八年級生也用KakaoTalk，但越年輕的八年級生其實越少使用。舉凡NAVER的LINE、Instagram的私訊（DM）和Skype，都有提供和Kakotalk類似的功能，足以取而代之。在眾多的聊天軟體中，八年級生現在最常用的是「臉書Messenger」，簡稱「Messenger」。比起

KakaoTalk，八年級生和朋友兩人私下聊天時更愛用 Messenger。

社群網站的主流和非主流

雖然不到大多數人都愛用，但使用者不少的應用程式還有 Discord。Discord 原先是線上遊戲聊天室，遊戲玩家邊玩遊戲邊開啟 Discord 聊天，可以聽語音訊息，也有不少人會使用文字對談功能，把 Discord 當成聊天室使用。在玩遊戲的時候，玩家們可透過多方通話，擬定戰略。實際上，Discord 不僅限於遊戲用途，也會被當成朋友聊天室或團體聊天室。

Everytime 是大部分韓國大學生使用的行事曆應用程式。使用者輸入每日課表，時間到了，手機應用程式會自動跳出通知。除了學校課表之外，使用者也能手動輸入其他行程。很多大學生會用 Everytime 行事曆截圖當大頭照。Everytime 兼具社群功能，不管是哪一種團體，都有屬於自己的社群。雖然畢業之後，大家自然逐漸疏離校園社群，但在校大學生一定都會玩校園社群。Everytime 是大學生常用的應用程式，目前還沒被付費廣告入侵。

即時串流服務能讓使用者即時收看實況主直播，八年級生愛用的直播平台有AfreecaTV、YouTube直播和Twitch。不具特色的YouTube直播其實不算是八年級生觀看直播的主要平台，八年級生之所以會看YouTube直播，主要是因為長時間使用YouTube時，如果發現感興趣的頻道正在直播，就會順手點進去觀看。AfreecaTV和Twitch才是他們主要使用的即時串流平台，這兩個平台和YouTube一樣，會在實況主直播時插入商品廣告，偶爾也會跳出橫幅廣告。

Twitch變成遊戲直播專用平台，AfreecaTV則多用於露臉直播。露臉直播指的是實況主直接坐在攝影機前，面對面和觀眾溝通。儘管我刻意區分兩者的用途，但實際上是差不多的，也有很多人會用Twitch進行露臉直播；反之，也有不少人用AfreecaTV進行遊戲直播。以觀眾特性來看，AfreecaTV更加大眾化；Twitch則相對有隔閡感，實況主和觀眾在自己的小天地裡開心地玩著。也由於這種特色，收看Twitch的人被稱為「T守」，意思是「Twitch守護者」。直播的特色是，少人看，但看的人會看很久。

非主流直播則有 Kakao Live Talk 和 Instagram 直播。Kakao Live Talk 限制十人以內，多用於和認識的好友進行私下視訊，用手機開啟 Kakao Live Talk，邀請朋友加入直播即可。相對地，Instagram 直播不限人數，若 Instagram 好友進行直播，系統會通知不特定多數人。知道 Instagram 具有直播功能的人並不多，要不完全不知情，要不就是身邊有人告知才知道。

傾聽八年級生真實心聲的方法

留言與評論的影響力

理解消費者的想法，根據不同情況加以應對，稱之為「傾聽顧客聲音」（Voice of the customer，簡稱 VOC）。過去，「傾聽顧客聲音」是透過公司網站接收顧客的投訴，轉由相關部門處理。不過，現在的八年級生即使心有不滿，也不會直接向公司反映，而是會把相關使用經驗上傳到社群網站，或是留下坦率的感想。就如同他們第一次看見這款商品時，大量參考了過去買家的評論，他們希望未來的買家也能參考自己的評論。

在注重性價比的大量生產時代，消費者意見的重要性相對較低，只要做出性價比良好的商品，消費者自然會主動找上門。如今則是多品項、少量生產的時代，消費者重視商品特性，不喜歡和別人撞同款，公司必須了解消費者的需求，商品才賣得出去。隨著商品品質平均提升，買家的選擇餘地變大，比起「怎樣才能做出好的商品」，公司更該煩惱「怎樣才能暢銷」。

就算公司什麼都不做，消費者也會主動找出改良點並告知公司，上述這種時代早已遠去。消費者除非損失慘重，否則官網上的「聯絡我們」欄位，八年級生連看都不會看。如果公司認為「沒有收到投訴就代表消費者都很滿意」的話，銷售曲線將會逐漸下滑。公司應當擺脫以往被動的態度，積極尋找顧客聲音。八年級生的「VOC」其實是以各式各樣未經精鍊的方式呈現，公司要懂得解讀出隱藏其後的真實意義，並加以改善。

公司想聽的是消費者對商品的真正看法，但消費者不會因為些許不滿就要求公司改善，畢竟差不多的商品要多少有多少，如果不滿意，改買別家的就好了。萬一購買的商品真的太差勁，八年級生就會上傳社群網站。如果公司想聽取顧客的真實意見，在Instagram搜尋公司商品照、品牌名主題標籤和一些相關主題標籤，閱讀相關內文即可有所收穫。

網路社群和社群網站的功能相仿。儘管每家公司的目標客群不同，不過一定存在目標客群聚集著的網路社群，無論再小的事業群都至少能找到一個對應的相關社群。公司要從NAVER找出與自身產業密切相關的社群，最好是那個社群還會分享關於公司商品的使用心得，請務必暗中監督。需要注意的是，大部分的社群都禁止商業宣傳行為，公司把社群當成純粹聽取顧客意見的窗口較為合宜。

八年級生在購買不熟悉的品牌時，習慣先搜尋買家評價，從評價內容判斷該對這項商品抱持多大的期待。八年級生很清楚網路文章大多是業配文，因此他們主要會閱讀負面評價、尋找缺點。此外，比起五顆星評價的買家，給商品四顆星的買家的評價更為可靠。如果曾在「外賣民族」下廣告的賣家就會知道，一則一顆星的評價的殺傷力有多大，所以賣家必須管理自家商品的留言和評分。

《News1》曾刊載自營業者的苦衷。自營業者K某說：「我們店裡的行銷方式是免費提供客人成本低的醬料，還會貼上寫有『請給五顆星評價』的便條紙。我們很清楚大多數的訂餐客人不會留言，但我們仍然這樣做，希望或多或少能提高評分。」即使店家平常勤於管理顧客評價和評分，仍不免碰上雨天外送遲到，被顧客的差評「恐攻」。其實，八年級生也知道故意寫惡評的人很差勁，但在沒有其他參考資訊的情況下，仍然得依賴評論。

根據市調公司 Embrain Trend Monitor 在二〇一七年的調查結果顯示，在全體年齡層中，購買不熟悉品牌商品時，最常看的就是「網路留言」和「使用心得」，其次是「詢問好友意見」（38.9％），認為「專家意見」重要的人只佔9.8％，原因是太多不必要的資訊。與其說愛看留言和評論是八年級生固有的特性，倒不如更應該視為消費者別無選擇的消費心理。

獎勵越優渥，誠實的意見越多

八年級生認為誠實坦率會招致狼狽的下場，比方說：遇到陌生人徵詢意見時，八年級生不會誠實回答；YouTube 影片也是，如果開頭幾秒不吸引人，八年級生就不會看到最後；填寫問卷時，如果看到很難回答的問題，八年級生會草草了事；八年級生也覺得每次都拜託填寫問卷的朋友很麻煩，而且絕不參加和自己無關的企業的調查；哪怕時間有剩，如果覺得填寫的時間會很久，就不填。

根據美國市調公司 Aimia 進行的「天性：美國千禧世代的顧客忠誠度調查」（Born This Way: The U.S. Millennial Loyalty Survey）研究結果顯示，八年級生的參與項目度稍微超出其他年齡層，如有報償或贈品時，八年級生的參與度會達到最高。向消費者進行面對面問卷調查的方式行之有年，倘若公司想徵詢八年級生的意見，一定要同時提出相應的報償，告知提供回饋意見能換取贈品，八年級生會欣然同意。另外，當公司在制定問卷調查細項時，若按公司業務為標準來制定內容的話，會招致八年級生的反感，必須從消費者的角度出發才行。

一旦公司把問卷調查和推銷掛勾，將難以聽見真實的意見，哪怕提供公司商品優惠券作為報償，只會有部分喜歡公司商品的八年級生願意接受調查。換言之，問卷做不好，休想獲得準確的數據。問卷調查細項應該要讓八年級生不動腦、憑直覺作答，例如「有聽過哪些服務」之類的問題。公司不能自認提供了一定的報償，就希望八年級生像下屬職員一樣提供想法。「推出哪些服務會勾起購買的慾望呢？」，諸如此類的開放性問題會誘發防禦機制。八年級生不愛動腦思考，也覺得如果對問卷的問題予以肯定答覆，日後公司商品或服務上市時，可能會接到推銷電話。由此可見，公司有必要重新審視傳統的問卷調查項目。

八年級生都有「電話恐懼症」（Telephone phobia），只是程度不同而已。八年級生有事通常會透過訊息聯絡，只有非得當下處理的急事才會打電話。正式和對方通話前，八年級生會把要說的話先在腦中順過一遍。「外賣民族」APP 的出現，讓那些連打電話叫外賣都有困難的電話恐懼症患者高聲歡呼。八年級生擅長和相處自在的人通電話，可是職場大多是不自在的關係。八年級生普遍覺得打電話不自在，更不可能打電話給公司暢談己見。因此，公司若要設置讓八年級生表達意見的管道，不能是電話，應該是文字訊息形式。

九年級生來了

不用去學校的第一代

九年級生陸續進入社會。從小學生成長為大學生，九年級生族群多樣。九年級生的人生樣貌，又會是嶄新於以往。工作方面，大部分業務將走向個人化。由於九年級生越來越不願意受到限制，是以自由工作者的人數增加。即便不是自由工作者，其他行業的居家辦公人數也處於持續上升的趨勢。

因為 COVID-19 之故，九年級生是史上頭一遭兒接受遠距教學的學生。他們使用韓國教育學術情報院開發的「e 學習場」聽課、交作業，遇到需要雙向溝通的課程，則使用視訊會議應用程式ZOOM。這是前所未有的情況，幾經周折，最後終於趨於穩定。除此之外，九年級生會藉由「班級聊天室」傳達公告事項等等，網路和教育變得密不可分。

包括八年級生在內的上一代，大家都對陌生的上課方式感到混亂。在上一代的認知裡，學校聚集著形形色色的同學，一起過團體生活，一起讀書，一起準備應對職場所需的知識。上一代明知居家辦公也能處理好業務，卻不這麼做，這是因為他們相信面對面聚在一起才會有緊張感，才能激發出好點子。可是，對於已經熟悉遠距教學的九年級生而言，他們會要求公司允許居家辦公，因為居家辦公能讓員工獲得充分的自主性，公司又能節省租金等固定支出，好處多多。

從世界經濟論壇（World Economic Forum，簡稱WEF）的《二〇二〇年就業前景報告》（The Future of Jobs Report 2020）中，可看出未來就業型態的變化。在接受問卷調查的企業中，84％的企業表示計畫大舉導入遠距辦公等方便數位化工作的系統。據聞，目前受僱的七百七十萬人中，有44％有可能被重新安排為遠距辦公。此外，工作將集中在有競爭力的人身上，「勞動市場兩極化」現象漸趨嚴重，不是遙遠的未來才會發生的事，舉例來說，進入門檻低的韓國外送業，已經出現這種現象。

Coupang Flex 是個人運用自家車輛進行包裹運送的服務。使用者在前一天申請，就能指定兼差者送貨的日期與時段。類似的服務還有「外賣民族」支援的「外民Connect」，即個人送餐服務，只要申請自己想兼差的時段即可。

專注於品質的世代

這是個平凡人也能透過 YouTube 成為名人的時代，不需要邊想著邊羨慕與我不同的世界。八年級生看到少數明星吸引所有大眾關注的過程。雖然粉絲群被細分，仍然出現了人氣不亞於藝人的網紅，但八年級生認為那些人和自己是不同世界的人。不過，九年級生不一樣，他們從小就徹底接納資本主義和市場理論。

在 Instagram 搜尋一下「贊助洽詢」[152]吧！標註「贊助洽詢」主題標籤的文章，不只是粉絲數達數萬、數十萬的帳號才有，只有二百多名粉絲的帳號也標註著「贊助洽詢」，而且比比皆是，不是名人，而是十幾歲孩子開設的帳號。九年級生深知粉絲數象徵帳號的影響力，他們就像行銷人員一樣，藉由各式各樣的活動和粉絲溝通，經營帳號。

假如行銷的目標客群是九年級生，那麼「遵守適當的底線」是很重要的。八年級生在創造健康的網路文化上落敗，因此政府實施「網路實名制」[153]等強制規範，現在人們不能在 NAVER 的娛樂和體育新聞下方留言，而且一個人只能申請一個 KakaoTalk 帳號。九年級生目擊八年級生的失敗，不敢掉以輕心，所以對於容易引起爭議的廣告，反應更為敏感。

九年級生重視圖片或影片的品質。根據韓國市調機構 Open Survey 發表的「二〇一九社群媒體與入口網站相關報告」結果顯示，十幾歲的人在圖片和影片品質低

152 **贊助洽詢：**협찬 문의。相當於我國的歡迎業配邀約、合作邀約。

153 **網路實名制：**指使用者可以使用法定姓名（真實姓名）在部落格、網站或電子布告欄上註冊帳戶的一種制度。

的時候，反感度達到最高；三十多歲到五十多歲的人對「偽裝成使用心得的業配文」反感；二十多歲的人最反感「贊助」廣告文。有別於重視故事多於品質的八年級生，九年級生更重視內容本身的完成度。

我們，MZ新世代

準時下班？不婚不生？奉行極簡？帶你秒懂八年級生都在想什麼

MZ세대 트렌드 코드

作　　者　高光烈（Ko Kwang Yeol）
譯　　者　黃莞婷
主　　編　鄭悅君
審　　訂　王稚鈞
封面設計　兒日設計
內頁設計　張哲榮

發 行 人　王榮文
出版發行　遠流出版事業股份有限公司
地址：臺北市中山區中山北路一段11號13樓
客服電話：02-2571-0297
傳真：02-2571-0197
郵撥：0189456-1
著作權顧問　蕭雄淋律師

初版一刷　2021年12月1日
初版二刷　2023年8月10日
定　　價　新台幣380元（如有缺頁或破損，請寄回更換）

ISBN　978-957-32-9316-3
遠流博識網　www.ylib.com
遠流粉絲團　www.facebook.com/ylibfans
客服信箱　ylib@ylib.com

國家圖書館出版品預行編目（CIP）資料

我們，MZ新世代：準時下班？不婚不生？奉行極簡？帶你秒懂八年級生都在想什麼 / 高光烈著；黃莞婷譯.
-- 初版 -- 臺北市：遠流出版事業股份有限公司,
2021.12
320 面；14.8 × 21 公分
譯自：MZ세대 트렌드 코드
ISBN 978-957-32-9316-3（平裝）

1.社會變遷 2.文化變遷 3.世代交替

541.4 110016116